職業は、声優。

この職業を選んだのは、
好きになったこと、夢中になったこと、
そのすべてが生かせるから。

なにごとにも、全力で立ち向かう。
それが、いつか自分の力になる。

14歳の
WORLDLY WISDOM FOR 14 YEARS OLD
世渡り術

いつかすべてが
君の力になる

梶 裕貴

河出書房新社

いつかすべてが君の力になる　もくじ

第1章

僕が14歳だった頃 15

第2章

夢に向かって進むということ　47

第3章

「声優」って、どんな仕事？ 85

第4章

プロフェッショナルとは

第5章

選ばれ続けるために

はじめに

僕《ぼく》の職業は『声優』です。

声優とは、皆《みな》さんもご存知の通り、アニメやゲーム、外国映画の吹《ふ》き替《か》えなど、さまざまなメディアに『声の役者』として出演する仕事です。

僕が「将来、声優になろう」と心に決めたのは、皆さんと同じ14歳《さい》のときでした。

声優という職業を知り、大きな衝撃《しょうげき》を受けた当時の僕は、「この仕事しかない！」と居ても立ってもいられなくなり、すぐさま声優になるための行動を起こそうとしました。

でも、声優になるためにはなにをしたらいいのか、なにをするべきなのかがまったくわからない――。

悶々《もんもん》と過ごす日々が、とても苦しかったのを覚えています。

今ではインターネットを使って検索《けんさく》すれば、具体的な方法なんていくらでも出てきますよね。

書店には、声優志望者のための丁寧《ていねい》な教則本も沢山《たくさん》ならんでいます。

でも、巷《ちまた》にあふれている情報だけでは、この道を志すことの本当の魅力《みりょく》・難しさといったものが、未だ伝わりきっていないのではないか、そう思うのです。

同時に、まだまだ模索《もさく》中でありながらも、必死にその道を歩んできた自分だからこそ、なにかを伝えることはできないだろうかとも考えました。

30代の僕は、皆さんからすれば年の離《はな》れた立派な大人に見えるかもしれませんが、この道のプロとしては、まだ〝ひよっこ〟に過ぎません。

けれど、そんな皆さんと比較的《ひかくてき》近い目線を持っている自分だからこそ、なにか響《ひび》く言葉も伝えられるかもしれない――。

そう考えて、この本を書くことにしました。

夢を持つことで、どれほど人生が楽しく、めまぐるしく、愛《いと》しいものになるのか。

そういったことを、僕のこれまでの半生を通して少しでも感じていただけたらと思うのです。

一方で、この本を読んでもらうのは、少し恥《は》ずかしい気持ちもあります。

中学生の頃《ころ》、はじめて声優になりたいと思ったときの意気込み。

なにをやってもうまくいかなかった下積み時代の迷走ぶり。

そして、どこかぎこちなかった家族との関係など。

あらゆることを、赤裸々《せきらら》に書き記していますから。

ただ、30代になった今、あらためて自分の歩んできた道を振《ふ》り返ってみると、10代の頃に悩《なや》んだこと、20代でがむしゃらに努力してきたことは、とても大切な時間だったんだなと感じます。

そう。僕も皆さんと同じように、自分自身のことや家族関係で悩み、将来について不安を抱《かか》えていた時期もあったのです。でも、人生の早い段階で「なりたい自分」を想像できたことで、救われた部分も沢山あったように感じています。

なので皆さんには、まず「夢を持つこと」、それによって「人生の見方が変わる可能性がある」ということを知ってほしいのです。

そして、その夢は手の届かないどこか遠いところにあるのではなく、あくまで皆さんが過ごされている今……14歳の日常からの延長線上にあるということも、心にとめておいてもらえたらと思うのです。

この本では、僕の経験や見解をもとに、色々な角度から『声優』という職業について考えてみました。

そこで、まずは本書を手にとってくださった皆さんに、ある言葉を贈《おく》りたいと思います。

すべてが君の力になる。

これはかつて、皆さんと同じ14歳当時に僕自身が感銘《かんめい》を受けた言葉でもあり、僕の生き方・考え方そのものにもなっている言葉です。

常に目の前のことと真剣《しんけん》に向き合い、全力でぶつかり続ける——。

この本が、これからを生きる皆さんにとっての、なんらかのヒントになってくれたら。

同時に、皆さんの中で、声優という仕事についての理解がより深まるきっかけになってくれたら。

それ以上の幸せはありません。

第1章

僕が14歳だった頃

WORLDLY WISDOM
FOR 14 YEARS OLD

怒《おこ》られたくない、嫌《きら》われたくない

『声優』という大きなテーマを紐《ひも》解く前に、まずはそんな声優である僕がどんな人間なのか、そこからお話しさせていただければと思います。

「いきなり関係ない話……？」と思われた方もいらっしゃるかもしれませんが、実はとても密接に絡《から》んでいるエピソードだったりするんです。少しの間、我慢《がまん》してお読みくださいさい（笑）。


僕がまだ幼かった頃《ころ》、大好きな戦隊ヒーローのショーに連れていってもらったときのことです。さまざまな展開を経た後半戦、ヒーローがピンチになると、司会のお姉さんが会場のちびっこたちに向かって呼びかけます。

「一緒《いっしょ》に戦ってくれるお友達！」

ほとんどの子どもたちは、元気いっぱいに勢いよく手を上げます。中には、飛び跳ねてアピールする子も。

けれど、僕は黙《だま》ってその場に立ち尽《つ》くしたまま。

本当は自分もヒーローと一緒に戦いたくて仕方がないのに、どうしても手を挙げられませんでした。

……だって、恥《は》ずかしいし、怖《こわ》いから。

そう。子どもの頃の僕は、好奇心《こうきしん》はひと一倍旺盛《おうせい》なくせに極度の恥ずかしがり屋という、少々面倒《めんどう》くさい男の子。加えて人見知りでもありました。とにかく目立ちたくないし、自己主張も大の苦手。

でも不思議なことに、小学生時代は学級委員長、中学生時代には生徒会長を務めたり。我ながら、ひどく拗《こじ》らせていた少年時代だなと思います（笑）。

それもそのはず。

当時は周囲の期待に応えられる自分であろうと、ただそれだけのために一生懸命《いっしょうけんめい》だったように思います。

親や先生、クラスメイト、友人、チームメイトからの「あなたは／君は、こういう人間だ」というイメージ。それによる期待。

自分がなにを期待されているかがわかると「本当は嫌《いや》だな、不安だな」と思ったとしても、「そうあるべきなんだ」と自分自身で思い込み、無意識にその役割を〝演じよう〟としていた。

今思えば、周囲の期待を裏切り、失望されるということをなによりも恐《おそ》れていたんだと思います。


とはいえ。

実のところ本当の自分は、知らない人の前で、または多人数の前で、自分からなにかを発言するのがすごく怖い。

自分が発言したことに対して、相手が嫌な感情を抱《いだ》いてしまったらどうしよう——。

そう考えてしまうと動けなくなってしまうタイプなんです。なにより怒られたくないし、嫌われたくない。

そんな相反する内面を持った人間だったので、中学生時代、生徒会長の任期が終わったときには「なんて自由なんだ！」と、衝撃的《しょうげきてき》な解放感を感じたことを覚えています。自覚はなかったものの、知らず知らずのうちに「ちゃんとやらなきゃ！」と勝手にプレッシャーを感じていたのでしょう。

そんな僕ではありますが、今お話ししたような子ども時代を経て大人になり、今ではすっかり人見知りも、恥ずかしがり屋なところも克服《こくふく》でき……るわけもなく、根本的な性格はあまり変わりません（笑）。

では、そういった人間がなぜ、曲がりなりにも声優という職業を今日まで続けてこられたのか。

おそらく、恥ずかしがり屋な人、人見知りな人の多くが共感してくれると思うのですが、「積極的に目立つのは嫌だけれど、内に秘めた野望や夢の大きささだけなら誰《だれ》にも負けない！」、そんな〝根拠《こんきょ》の無い漠然《ばくぜん》とした自信〟みたいなもの、ありませんか？　こうして文字にしてしまうと、なんだかとても恥ずかしいですが……（笑）。

でも、その熱い想いは決してマイナスなものではなく、上手にコントロールすれば、ここぞというときに弱い気持ちを乗り越《こ》えるための強力な武器にもなるんです。

あとは、そのパワーを発揮する場を見つけるだけ。

恥ずかしがり屋だった僕が『声優』という、自分本来のエネルギーをぶつけられる場と出会えたように、皆さんにもいつかきっと、そんな運命の出会いが訪れるはずです。そのときまで、その熱い想いだけは忘れないでほしいんです。

根拠のない自信でもいい。その想いさえしっかり胸にあれば、絶対に「自分」がブレることはないはずですから。

第1章では、そんな僕が、皆さんと同じくらいの年齢《ねんれい》だった頃にはなにを考えていたのか。それをお話ししていければと思います。

将来、なりたいものはありますか？

皆さんには、将来の夢がありますか？

大人になったらどんな職業に就《つ》きたいですか？

もしかしたら、やりたいことやなりたいものがなかなか見つからず、悩《なや》んでいる人も多いかもしれませんね。実は、僕もそのひとりでした。

ただし。僕の場合は、やりたいこともなりたいものも多すぎて、ひとつに絞《しぼ》れない――という、ある意味贅沢《ぜいたく》な悩み。小さい頃は、いくらでもなりたい自分がイメージできました。

たとえば、サッカー選手。きっかけは小学校低学年の頃に放送していたテレビアニメ『蒼《あお》き伝説 シュート！』*1です。葛藤《かっとう》しつつも輝《かがや》いている主人公の姿に憧《あこが》れてすぐにサッカーをはじめ、その楽しさにすっかり夢中になりました。

「僕もこんな風にサッカーがうまくなりたい！」

一度そう思うと、もう頭の中がサッカー選手になることだけでいっぱいになってしまうのです。

放課後は友だちと暗くなるまでサッカーをし、帰ってからも自主練を黙々《もくもく》とやる。

＊1 『蒼き伝説 シュート！』｜1990～2003年に『週刊少年マガジン』で連載されたサッカーマンガ。大島司著。サッカーを通じて少年たちの成長を描く青春群像劇。1993～1994年にかけてフジテレビ系列でアニメが放送された。

「どうやったら強いシュートが打てるんだろう」

「自分より体の大きな相手とマッチアップするときにはどう対処したらいいんだろう」

常にそういったことばかりを考えて生活していました。

……と思えば。ある程度時間が経つと、すぐに別の夢が膨《ふく》らんできます。体育の成績が良かったりすると、「オリンピックで金メダルを取りたい！」といった具合に。

スポーツだけではありません。図工の時間に絵を描《えが》く楽しさを覚えると、マンガ好きだったことも相まって「マンガ家になりたい！」と思っていた時期もありました。

それから、勉強が楽しくて仕方がない時期もあって、そんなときの夢は「科学者になりたい！」でした。

「なにかを発明して、人類の役に立ちたい！」なんて。

勉強でもスポーツでも、一度ハマると夢中になってしまうクセ。

良く言えば〝なんにでも興味を持つ、好奇心旺盛な少年〟。悪く言えば〝同じことを続けていられない三日《みっか》坊主《ぼうず》〟ですね（笑）。

でも、その都度、「夢に近づくにはどうしたらいいんだろう」と、全力で、真剣《しんけん》に考えていたんです。

そんな小学生当時の夢。やはりマンガやアニメの影響《えいきょう》が大きかったかもしれません。『SLAM DUNK（スラムダンク）』*2が流行《はや》ればバスケをはじめる。『名探偵《めいたんてい》コナン』*3を観れば「探偵になりたい！」といったように。学校で失《な》くし物があったときには、名探偵気分で率先して捜査《そうさ》をはじめたりもしていました（笑）。

なんとも子どもらしい安直な発想ですが、それでも当時の僕は常に本気でした。

今考えれば……もしかすると、そうして大好きなキャラクターになりきることで、自分ではない誰かを〝演じて〟いたのかもしれません。

常に「自分はなにをすべきか」を考える

色々なことに興味を持ち、その度にチャレンジしてきた僕ですが、その間も変わらずずっと好きであり続けたのは、やはりサッカーでした。小学校3年生から6年生までの

＊2 『SLAM DUNK（スラムダンク）』｜1990～1996年に『週刊少年ジャンプ』で連載されたバスケマンガ。井上雄彦著。バスケットボールを題材に、高校生たちの青春を描く。1993～1996年にかけて、テレビ朝日系列でアニメが放送された。

＊3 『名探偵コナン』｜1994年から『週刊少年サンデー』で連載中の探偵マンガ。青山剛昌著。1996年から読売テレビ・日本テレビ系列でアニメも放送されている。子どもの姿に変えられてしまった天才高校生探偵・工藤新一が、次々と難事件を解決していく。

4年間、学校のFCに所属し、夢中になってプレーしていました。卒業後もサッカー好きは変わらず、中高ではサッカー部に所属はしなかったものの、近所の友達と集まってはよくボールを蹴っていましたね。

今でも大好きで、時間があるときには試合を観に行ったりもしています。

FCに所属していた頃。色々なポジションを経験しましたが、最終的に任されていたのはセンターバック。

センターバックとは、中央を守るディフェンス（守備）の要、キーパーを残した最後の砦《とりで》といっても過言ではないポジションです。「ディフェンスってなんか地味？」なんて思った人もいるかもしれませんが、このポジション、実はとても重要なんですよ。

確かに、サッカーの花形的ポジションといえば、鮮《あざ》やかなゴールで得点を取る、オフェンス（攻撃《こうげき》）のフォワードが連想されがちです。サッカーに詳しくない人でも、クリスティアーノ・ロナウドやメッシなど、世界的なスター選手の名前はご存知かと思いますが、彼《かれ》らはすべてフォワードの選手。すごく格好いいですよね。

ドリブルで相手をかわし、自ら強行突破《きょうこうとっぱ》を仕掛《しか》けてもいい。ゴール前でどっしり構えて仲間からのパスを待ってもいい。フォワードは基本、点を取ることが仕事なので、そのためにはどう動いたとしてもある程度は許される、非常に自由なポジション。しかも、ゴールを決めれば会場中が沸《わ》いて、誰よりもスポットが当たる。

対して、僕が担当していたセンターバックというポジションは、相手を自分より後ろに行かせないことが仕事です。もし抜かれてしまったら、敵のフォワードと味方のキーパーが一対一になり、点を取られてしまう可能性がとても高くなります。

だからこそ僕たちディフェンスは、自由さや想像性よりも、「相手に対し、どう動くか」を常に考えなくてはいけません。言うなれば「職人」のようなポジションです。自分がミスをしてしまえば、すぐさま致命的《ちめいてき》なピンチになってしまう。課せられた責任はとても大きいんです。にもかかわらず、わかりやすく派手なプレーではないので、なかなかスポットも当たりにくいんですよね。

けれど、そんなポジションだからこそ、自分の性格に合っていました。

僕はきっと、自由過ぎるとダメなタイプなんです。制限がある中でどう動くか――それを考えるのがとても楽しい。

「今の状況《じょうきょう》に対し、自分はなにをすべきか」

「数で負けている中で、どうやって相手の攻撃を防ぐか」

周りを見渡しながら自然と自分の立ち回りを考えてしまう。

当然、責任も伴《ともな》いますが、同時にやりがいも感じるんです。

そんな僕の性格は、日常の中でも多かれ少なかれ表れていると思います。


皆さんのお友達にも、きっと色々な性格の人がいますよね。

会話のやりとりを思い返してみてください。一見、積極的にしゃべっている人がその場をリードしているように思いがちですが……、当たり前ではありますが、会話はひとりでは成立しません。絶妙《ぜつみょう》なタイミングで相槌《あいづち》を打ったり、黙《だま》っている人に話題を振《ふ》ったりする人がいて、初めて楽しい場になるのです。言うなれば〝回し役〟ですが、僕は比較的《ひかくてき》それが得意なんだと思います。

サッカーでも友達関係でも、チームプレーという意味では同じ。場を読んで、自分はなにをすべきかを見い出す。その上で、各自が役割を果たせばいいのです。

そう考えると、少年時代にサッカーを通してこういった経験ができたことは、その後の僕の人生にとって、とても大きな財産になっていると感じます。

人間関係の悩みは、時間が解決してくれる

14歳前後。中高生という、まさに多感な時期を過ごされている皆さんにとって、親子・家族関係ってすごく難しいテーマですよね。愛情と厳しさを持って、良くも悪くも子ども扱《あつか》いしてくる親に対して、つい「うざったいなあ」と感じてしまうこともあるでしょうし、幼い頃は無条件に受け入れられていた親の言動に疑問や反発を感じて、「もうこんな環境《かんきょう》イヤだ！」と家を飛び出したくなることもあるかもしれません。

僕も中高生時代、家族関係で悩んだこともありました。母親や9歳年の離《はな》れた妹とはとても仲が良かったのですが、父親との関係はなかなか上手《うま》くいかず……。今ではお酒を飲みながら会話ができるほどになりましたが、男同士って色々と複雑なんです。

当時の僕からすると、父は真面目すぎて、ちょっと融通《ゆうずう》が利《き》かないところがあるように思えたんですね。

物事の道理からしてみれば正しいことを言っているのかもしれませんが、10代の僕からしてみると、とても理不尽《りふじん》に感じてしまったり。

自分の中にゆるぎない正義があって、それを外れることを絶対に許さない。

そんな父とはことあるごとに衝突《しょうとつ》し、よく怒られていました。

僕が怒られることを極端《きょくたん》に恐れるようになったのは、もしかすると、そのトラウマが原因な部分も少なからずあるのではないか、なんて考えたりもしていました。

今考えると恐ろしく短絡的《たんらくてき》な思考ではありますが、これぞ〝ザ・思春期〟。

そんな思春期の真っただ中、中学生当時の僕はある事件を起こしてしまいます。

なにを思ったか、「父の日」に手紙を書いて渡そうと思いついた僕。

「これまで、なかなか素直に伝えられなかった感謝の気持ちを文章にして伝えたら喜んでくれるかな」という純粋《じゅんすい》な気持ちから……だったはずでした。感謝の手紙、です。

想定していた内容は「おかげ様《さま》でこんなに大きくなりました。それもこれも、お父さんが仕事をしてお金を稼《かせ》ぎ、ごはんを食べさせてくれているからです」といったようなもの。

けれど、筆を進めれば進めるほど、なぜか雲行きが怪《あや》しくなってきます。

気付けば、いつのまにか結びの言葉が「あなたのような人間にはなりたくありません。僕は子どもの気持ちのわかる、立派な大人の男になってみせます」といった具合に。

……これでは、完全に宣戦布告《せんせんふこく》。

この文章で伝えたかった本当の内容は「お父さんのおかげで僕も色々なことを考えられるような歳になり、将来、自分が理想とする父親像がなんとなく見えてきました。お父さんとは少しタイプが違《ちが》いますが、僕はいつまでも子どもとの距離《きょり》が近い、アットホームな父親になりたいです」というようなものでした。

この手紙を読んだ父親は、さぞかし傷ついたでしょうね……（笑）。

でも、そこは子どもの底の浅さ。許してください。ごめんなさい。

そんな父親とも、紆余曲折《うよきょくせつ》あって今ではすっかり仲良し……とまではなかなかいきませんが、僕が大人になるにつれて父も丸くなり、関係性もだいぶ変化してきているように感じています。もう以前のようにぶつかることもありません。

2016年3月に『ダイヤのA《エース》』*4という野球マンガが原作のアニメとのコラボ企画《きかく》で、東京ドームで始球式をさせていただいたことがあるのですが、ありがたいことに、その試合に両親を招待することができました。

父は大の巨人《きょじん》ファン。昔はよく一緒にテレビで試合を見たりしていました。

僕は野球選手にはなれなかったけれど、どんな形であれ、巨人軍の本拠地《ほんきょち》である東京ドームのマウンドでボールを投げる姿を見せられたのは、父に対して、少しだけ親孝行ができたのではないかなと思っています。

多感な思春期真っただ中の皆さんにとって、家族関係に限らず、あらゆる人間関係は悩みの種だらけかもしれません。

そこで、その時期を既《すで》に通り過ぎた人間から、少しだけアドバイスできることがあるとしたなら――。

＊4 『ダイヤのA』｜2006年から『週刊少年マガジン』で連載中の野球マンガ。寺嶋裕二著。野球少年・沢村栄純が、野球の名門高校で甲子園出場を目指す成長物語。2013～2016年にかけてテレビ東京系列でアニメが放送された。

ありふれているかもしれませんが、それは「時間が解決してくれる」という言葉を、どこか心の片隅《かたすみ》にでも置いておいてほしいということです。

人間同士の関係性は、時間が経つにつれ、少しずつでも確実に変化していくものです。一見、なにが起きても絶対に変わることのないように思える家族関係ですら、ふとしたきっかけで、想像もしていなかった変化を迎《むか》える可能性は十分にあります。

同時に、自分が大人になるにつれて、見えてくるものも少しずつ変わってきます。目の前のハードルに気をとられ過ぎて息苦しくなってしまったときには、どうかこの言葉を思い出してみてください。


最後に、父との後日談をひとつ。

これは大人になってから母に聞いたことなんですが、なんと父も若い頃、吹《ふ》き替《か》えの仕事――つまり、声優に憧れていたことがあるそうなんです。びっくりですよね！

それを踏《ふ》まえて、あらためて自分を振り返ってみると……なんだか悔しいですが、強すぎる正義感や頑固《がんこ》なところなど、父親そっくりなんですよね（笑）。

やはり親子。どこか似ているからこそ、反発し合ってしまうものなのかもしれません。

なにごとも全力で頑張《がんば》ったことが、すべて力になる職業

声優という職業を初めて意識したのは、中学2年生のときでした。
小学生の頃から、色々な職業に憧れては目移りしてばかり。
そんな僕が、声優の道を志すことを決定付けられた理由。それは、あるひとつの言葉との出会いでした。

「声優とは、なにごとも全力で頑張ったことが、すべて自分の力になる職業」

テレビで聞いたのか、それとも本で読んだのか、今となっては細かいことは思い出せないのですが、その言葉に触《ふ》れたとたん、雷《かみなり》に打たれたような衝撃を受けたのを覚えています。

つまり、「努力したことのすべてが、声優という職業の役に立つ」ということです。サッカーやテニス、バスケなどのスポーツはもちろん、マンガや勉強、さらには生徒会長としての経験まで……。そのすべてが、です。

「なんて自分にぴったりな職業なんだ！」

これはまさに、好奇心が旺盛すぎて、なんにでもすぐにのめり込んでしまう自分のためにあるような職業なのではないか――。

自分の考え方、そして、それまでの人生を全肯定《ぜんこうてい》してくれたようなこの言葉に、当時の僕は深い感銘《かんめい》を受けました。

なにが好きでもいい、なにに夢中になってもいい。その度に将来の夢を切り替《か》える必要なんてまったくない。一生懸命頑張ったことの全部が夢につながっていく。

ゲームでいえば、すべてのジョブでマスタークラスを目指せばいいということです。

「そんな職業が、この世にあったとは！」

その瞬間《しゅんかん》から僕の夢は声優。もちろん、子どもの頃からマンガやアニメ、ゲームが好きだったということも、この選択《せんたく》の後押《あとお》しになっていたのには間違いありませんが、それ以来驚くことに、一度も夢が変わったことはありませんでした。

声優になる方法がわからない!

「なにごとも全力で頑張る」ことをあらためて決意した梶少年としては、決まったばかりの夢に向かって、さっそく具体的な行動を起こさないと気が済みません。

けれど、声優になるには一体なにをどうすればいいのか?

当時の僕が把握《はあく》していたのは、「声優=アニメや吹き替えの声をあてる人」というごくごく一般《いっぱん》的なもの。そこで僕は考えます。

「声優になるには、どこでどんな勉強をすればいいんだろう?」

たとえば警察官になりたいのなら、警察学校に通えばいい。美容師なら美容専門学校、パイロットなら航空大学校やパイロット養成所、サッカー選手ならクラブチームに所属して結果を出せばいい。陶芸家《とうげいか》の場合は弟子入りでしょうか?

さまざまな職業を思い浮《う》かべてみましたが、なんとなくそれぞれのルートは想像がつきます。けれど、声優に関しては見当もつきません。歌手志望の方が歌のコンテストに出るように、声のコンテストでもあるのでしょうか？

今ならインターネットで簡単に、その職業に就くための方法を検索《けんさく》することができますよね。スマートフォンで「声優　なりたい」とでも検索をすれば、養成所の情報などが沢山《たくさん》出てくると思います。でも、僕が中学2年生だった1999年当時は、インターネット環境《かんきょう》はまだまだ普及途上《ふきゅうとじょう》でしたし、もちろん我が家にもネット環境はありませんでした。インターネットが使えないなんて、今の中高生にとっては信じられない時代かもしれませんね（笑）。

そういった、なにをしたらいいのかまったくわからない状況の中、なんとか少しでも情報を得ようと書店に行き、なけなしのお小遣《こづか》いで声優雑誌を購入《こうにゅう》。

そこには、沢山のプロの声優さんが、アフレコ[*5]だけでなく、歌ったり踊ったり、ラジオに出演したりと、さまざまな場所で活躍《かつやく》されている姿が載《の》っていました。声優の仕事の幅の広さに驚《おどろ》きつつ、ますます憧れの気持ちが強くなった僕。

また、より具体的に「声優になりたい」という意識がひとつ加わるだけで、アニメの

＊5　**アフレコ**｜無音のアニメに声を吹き込んでいく作業のこと。「アフター・レコーディング」の略。洋画に声をあてる場合は「アテレコ」とも。

見方も変わってきます。

「なんて正義感のある声なんだろう」

「声だけでこんなに迫力《はくりょく》が出せるんだ！」

役者さんのお名前にも注目しはじめると、同じひとりの声優さんでも、声にさまざまなバリエーションがあることに気が付きます。

「さっきの声と雰囲気が全然違う！」

「ただ良い声でセリフを読んでいるだけじゃないんだな」

あらためて、声優という仕事のすごさ、奥深《おくぶか》さがわかってきたような気がするのと同時に、作品の脚本《きゃくほん》や編集の力などにも興味が湧《わ》き、以前よりさらにアニメへの理解が深まった気持ちにもなりました。

当時、特に好きだったアニメは『スレイヤーズ』[*6]シリーズ、『ロスト・ユニバース』[*7]、『無限のリヴァイアス』[*8]など。いずれも大人気を博《はく》していた作品です。

そんな大好きな作品の多くで主役を演じられていたのが、林原めぐみ[*9]さんや保志《ほし》総一《そういち》朗《ろう》[*10]さんでした。

＊6 『スレイヤーズ』｜1990年から富士見ファンタジア文庫より刊行されているライトノベルシリーズ。神坂一著。1995〜2009年アニメシリーズが放送された。異世界を舞台に魔道士リナ＝インバース（林原めぐみ）の活躍を描く。

＊7 『ロスト・ユニバース』｜1992〜1999年に富士見ファンタジア文庫より刊行されたライトノベル。神坂一著。1998年にテレビアニメ化。遠い未来を舞台に、主人公ケイン（保志総一朗）らと、巨大犯罪組織ナイトメアの戦いが繰り広げられる。

初めてその存在を知ったときは、「こんなに沢山の主役をこなす、ものすごい声優さんがいるんだ！」と、とても驚いたのを覚えています。

余談ですが。

まだ中学生だった僕にとって、ほぼアニメキャラクターと変わらないくらい現実離《ばな》れした存在であった憧れの先輩《せんぱい》のひとり、林原めぐみさんとは、２０１４～２０１６年の３年間、子どもの頃から大好きだったアニメ『ポケットモンスター』*11シリーズでご一緒させていただく機会にも恵《めぐ》まれました。あらためて考えてみても、本当に奇跡《きせき》的なこと。たとえ、中学時代の自分に「お前、将来ポケモンで林原さんと共演できるんだぞ」と伝えることができたとしても、たぶん信じないでしょうね（笑）。

さて、話を戻《もど》しまして……。

そんな手探りの日々が続く中、声優雑誌をパラパラとめくっていると、ある日、ふと「日本ナレーション演技研究所*12」という文字が目に飛び込んできました。当時はまだ中

＊8　**『無限のリヴァイアス』**｜1999～2000年にかけて放送されたテレビアニメ。人類のほとんどが死滅した近未来を舞台に、謎の宇宙船リヴァイアス号に取り残された子どもたちのドラマを描く。

＊9　**林原めぐみ**｜女性声優。1967年生まれ。1986年、『めぞん一刻』で声優デビュー。『らんま1/2』の女らんま役、『新世紀エヴァンゲリオン』の綾波レイ役で一躍人気声優に。代表作は『七つの海のティコ』ナナミ・シンプソン役、『ポケットモンスター』ムサシ役、『名探偵コナン』灰原哀役など。

学生。それまで雑誌を読んでも、広告にまではなかなか目を留めていませんでした。

「ナレーション演技……？　これってもしかしたら、声優になるための学校なのかな？」

そのとき、初めて〝養成所〟という存在があることを知りました。

声優ブームというものは過去、既に何度もあったと聞きますし、書店には数種類の声優雑誌も並んでいたので、『声優になりたい』という人も、それなりの数存在していたタイミングだと思います。でも前述の通り、まだネットが普及しきっていなかった当時、埼玉《さいたま》ののどかな町に住む中学生にその話題が届くほど、情報が豊富だったわけではありません。

また、今でこそ小学生からレッスンを受けられるような養成所もあるようですが、僕の知る限りでは、当時、中学生が受けられるようなレッスンやオーディションはなかったように思います。

「そうか。やっぱり、画家になるための美術学校があるように、声優になるための学校もあるんだ。それが養成所なんだ」

「〝養成所〟というくらいだから、声優になるためのレッスンをしてくれる場所に違い

＊10　**保志総一朗**｜男性声優。代表作は、『機動戦士ガンダムSEED』キラ・ヤマト役、『最遊記』孫悟空役、『戦国BASARA』真田幸村役、『ひぐらしのなく頃に』前原圭一役など。

＊11　**『ポケットモンスター』**｜1996年から発売されているゲームソフトシリーズ。1997年からテレビ東京系列で、同ゲームソフトシリーズを原作としたアニメシリーズが放送中。ポケモンマスターを目指す主人公サトシと相棒ピカチュウの冒険と友情の物語。

ない！」

「ここに通えば、本当に声優になれるんじゃないか？」

まさに分厚い雲の隙間《すきま》から、光がそっと射し込んだような心持ちでした。同時に、「まだ自分は中学生。東京の学校に通えるわけがないか」というネガティブな思いも。

大人になった今でこそ、埼玉の実家から東京なんて、そこまでの距離《きょり》ではない（電車を乗り継《つ》いで1時間半ほど）と感じますが、当時の僕にとって東京は、まるで外国のように遠い場所。加えて学校生活もあるし、部活だってやっている。とてもそんな時間を作れそうにありません。なにより養成所に通うには、ある程度のお金が必要です。

ようやく希望の光が見えたかと思いきや、なかなか現実的ではありません。

どこか落ち込みながらその広告を眺《なが》めていると、『声優になりたい人のためのレッスンビデオ販売《はんばい》中』の文字が。こちらも、例の養成所と同じ「日本ナレーション演技研究所」が発売していたもの。

たしか、2万円くらいの価格だったと記憶《きおく》しています。

「欲しい！　でも、高い……！」

＊12　**日本ナレーション演技研究所**｜声優事務所アーツビジョン、アイムエンタープライズ、ヴィムスなどのグループ会社。首都圏、仙台、名古屋、関西圏に展開する声優・ナレーターの養成所。

今の中学生にとっても2万円は大金のはずですよね。

それでも、八方ふさがりだった当時の僕にとっては、ようやく見つけ出した希望。

「これを買えば、なにか道が開けるんじゃないか」

手もとには、なけなしの貯金と残しておいたお年玉。

きっと、ビデオを買うことを周囲の友達に相談でもしていたら、「ありえない！ ゲームソフトを2～3本買ったほうが絶対いいじゃん！」と止められていたと思います。

かくいう僕自身も、もし声優に興味がないタイミングであれば間違いなく警告していたでしょうし（笑）。

我ながらよく決断したなと思います。

でも結果的に、このビデオを買ったことは今でも大正解だったと思っています。

もしあのタイミングでレッスンビデオと出会えていなかったら、情熱だけはあっても、それをぶつける対象が見つからず、もしかしたら、声優になりたいという夢自体がフェードアウトしてしまっていたかもしれません。

以来、レッスンビデオを見ながらトレーニングをしつつ、声に出してマンガを読んでみたり、録画しているアニメのセリフを書き起こして自作の台本を作り、映像に合わせてセリフを言ってみたりと、ひとり地道に声優になるための〝自主練〟の日々。体力をつけるためにジョギングをしたり、大きな声が出せるように腹筋をしたりと、なんの根拠もなく体を鍛《きた》えてみたりもしていました（笑）。

今振り返れば、直接役に立つ稽古《けいこ》ができていたかというと、到底《とうてい》そうは思えません。

それでも、なにかをせずにはいられなかった。

購入したビデオを文字通りすり切れるまで見続けながら、声優になるという夢を日々育てていきました。

大切な経験はいつも目の前に転がっている

よく大人が、「時間が経つのが早い」と口にしているのを聞いたことはありませんか？

日々経験する新しい出来事に新鮮《しんせん》な感動を覚えているであろう皆さんにとっては、なかなか想像しにくいことかもしれませんね。

でも、その表現はあながち間違ってはいません。

大人になると、時間が過ぎる感覚がどんどん早くなり、毎年、毎月、毎日が、あっという間に過ぎ去っていってしまうんです。それはおそらく、経験を積むたびに色々なことに慣《な》れ、徐々《じょじょ》に新鮮だなと感じることが減っていき、感情の振《ふ》れ幅《はば》が少なくなっていってしまうからだと思います。

振り返ってみれば、学生時代に過ごした時間は本当に愛おしいものばかりです。

当たり前の日常生活、なんでもない学校生活。

通り過ぎてしまうと二度とは戻《もど》れないもの。どんなに些細《ささい》に思えたことも、今となってはすべてが宝物です。

この本を読んでくださっている皆さんの中には、まだやりたいことを探している途中の人もいらっしゃるかと思いますが、一方で、早くも将来の夢や目標がはっきり見えている人や、もしかすると、かつての僕のように声優を目指している人もいるかもしれません。

すでに具体的な夢の形がイメージできていると、今、自分の目の前にあってやらなければいけないことに対して、どこかもどかしく感じてしまうこともあるかと思います。「勉強面倒《めんどう》くさいな」とか「部活なんて時間のムダ」といったように。

でも、一見無意味に思えることであっても、それを経験したこと自体が、いつかかけがえのない財産になるんです。

声優になるために、アニメやゲームなど多くの作品に触れ、先輩声優の方々の演技を聴《き》くことも大切だとは思います。ですが、それだけではなく〝生身の体験〟をすることこそ、役者を志す上でとても大切なことだと僕は考えています。なぜなら、実際にお芝《しば》居《い》をするときに必要になってくるのは、その経験や体験そのものだからです。

たとえば、中学生の役を演じるとき。その年齢《ねんれい》感ならではの等身大な日常の経験がなければ、なかなかそれをリアルにイメージすることはできませんよね。

教室のざわめき、体育館に鳴り響《ひび》くバスケットシューズの音、廊下《ろうか》のひんやりとした空気感、雨上がりの通学路のしっとりした湿度《しつど》や匂《にお》い。なんでもないような記憶が、意識的あるいは無意識的に声に混ざり、聴く人の共通体験を呼び起こす演技につながっていく——。

そんな学生時代の経験は、大人になればなるほど簡単には得ることのできない貴重なもの。たとえ今、僕が皆さんと同じような場に身を置いたとしても、その年代特有の研ぎ澄《す》まされた感性でそれらを受け止めることができるかといったら、なかなかそうはいかないと思います。

『経験が引き出しになる』というのは、なにも声優を目指している人だけに限ったことではありません。形は違えど、ほかのどんな職業にも当てはまることだと思います。特に、なにかを表現したり、創作したりといった芸術方面の仕事に就きたいと思っている人にとっては、そんな〝経験の引き出し〟の数こそが武器になってくると思います。恋愛《れんあい》だって、すごく大切な経験のひとつ。告白したりされたり、うまくいって付き合えたり、反対に振られてしまったり。そのときに感じる幸せや苦しみ、一喜一憂《いっきいちゆう》そのすべてが自分の糧《かて》になっていきます。

今、「自分にはそんな相手がいない！」と思った人も、たとえばひとりで過ごした昼休み、なにかに夢中になって取り組んだ放課後、ふとした瞬間《しゅんかん》に感じた寂《さび》しさなど、そのとき、その人にしか感じることのできない大事な経験は沢山あるはずです。

……とはいえ。かくいう僕だって、当時は日々の出来事に対し、いちいち「将来に役立てるために」なんて思いながら過ごしていたわけではありません。なにが自分の財産になるかなんて、その真っただ中にいる本人には、やっぱりわからないものですから。だからこそ、常に目の前のことに全力で。

今はまだ、先のことなんかわからなくても大丈夫《だいじょうぶ》！

「こんなことくだらないな」「どうせ無理だな」と思う前に、まずは本気を出してみてください。あらゆることに本気でぶつかっていかなければ、夢中になれることなんて見つかりません。

全力でぶつかりきったその先に、きっと未来の自分はいるはずです。

第2章

夢に向かって進むということ

WORLDLY WISDOM FOR 14 YEARS OLD

「自分」ってなんだろう？

中学卒業後、高校では演劇部に入部しました。

今ならすぐに養成所に入るという道もあるかもしれませんが、前述の通り、当時の僕《ぼく》にとって養成所は「沢山《たくさん》のお金がかかる、大人が通う場所」というイメージ。

なので、しばらくは自分ひとりで努力を続けていくしかないな、と考えての選択《せんたく》です。

「声優を目指すなら、少しでも芝居《しばい》にかかわることに挑戦《ちょうせん》しなくては！」

子どもの頃《ころ》から、人前に出ることや大人数を前にした自己主張が得意ではない僕にとって、その決断は本当に思い切った覚悟が必要でした。小・中学校でサッカーやソフトテニスを一緒《いっしょ》にやっていた友人たちは皆《みな》、自然な流れで体育会系クラブに所属します。けれど僕は、ほとんどが女子部員の文化系クラブ、演劇部です。

今までの環境《かんきょう》とのギャップに最初とまどいもありましたが、なにより自分が目指しているのは声優。人前に出るのが怖《こわ》いなんて言っていたら、今の時代、多くの仕事に制限がかかってしまいます。

これまで自宅で、ひとりアフレコまがいの練習はしていた僕でしたが、演劇部では当然ながら、人前で芝居をしなければならないことになります。

〝芝居をするとはどういうことなのか？〟

「演じるキャラクターが自分とかけ離《はな》れているから演じられない」では、役者は務まりません。役者はそれがどんな役であろうとも、自分の中になにかしらのとっかかりを見つけ、それを膨《ふく》らませていき、役を生きるのです。

そのために、まず役者は自分自身と徹底的《てっていてき》に向き合わなければなりません。自分の好きな面、自信のある面だけを見るのではなく、嫌《いや》な面、本当は見たくないような面さえもきちんと掘《ほ》り下げて、役を演じるためのヒントを探っていかなければなりません。

「自分ってなんだろう？」

それをひとつひとつ突《つ》き詰《つ》めていった結果、僕がまず感じたのは「自分って、思っていたよりもきれいな人間じゃないんだな」ということでした。自分では割といいヤツだと思っていたのに、蓋《ふた》を開けてみれば、意外にも汚《きたな》い部分や醜《みにく》い部分が沢山見えてきた、というわけです（笑）。

それまで無意識のレベルで「なるべくいい子でいよう」「周囲の期待に応えよう」と考え、振《ふ》る舞《ま》うことが行動原理のひとつとなっていた人間です。このことに気付いてしまった思春期の僕は、どうしようもない罪悪感に苦しめられたりもしましたね。

でも同時になぜか、すごく楽にもなったんです。

自分と向き合った結果、弱点や嫌なところが沢山見えてきたけれど、「完璧《かんぺき》じゃなくていいいんだ」「ダメでもいいんだ」と、ようやく気付くことができたから。

そんな高校演劇での経験があったからこそ、僕の人間性、社会性は育まれたのではないかなと思っています。

今、声優として活動している現在の自分と通じる「梶裕貴」の多くは、もしかすると、ここで生まれたのかもしれません。

子どもの頃から、僕は色々なものに夢中になることで「なにか」になりきってきました。ところが、いざ意識的に演じるとなると、今度は逆に「自分自身」が見えてきたんです。面白いですよね。

それらを踏まえた上で、ここで皆さんにお伝えしたいのは「ダメなのは君だけじゃないよ」ということ。

だって、僕自身ダメダメなんですから。それでも声優になれたんですから。

実は、みんなダメなんです（笑）。

隠しているだけで、大人だって例外じゃありません。完璧な人なんて、いないんです。

夢は、声に出してしまおう

「演じる」とは、なにか。

役者として、その一端《いったん》に触れることができただけでなく、演劇部に入ってもうひとつ大正解だったことがありました。

なんと演劇部の中にも、僕と同じように声優を目指している仲間がいたんです！

中学時代、なにが正解かわからず、ひとりであがき続けてきた僕にとって、同じ志を持つ仲間の存在は本当に心強いものがありました。とてもうれしい出会いでしたね。

そしてありがたいことに、その仲間たちから色々と情報をもらうこともできました。

高校1年生の夏。そんな仲間のひとりである友人が「オーディションがあるみたいだよ」と、雑誌の広告を見せてくれました。それは、アーツビジョン付属の養成所「日本ナレーション演技研究所」の無料新人育成オーディションというものでした。

「日本ナレーション演技研究所……。どこかで聞いたことがあるような？」

「……あ！　あのレッスンビデオの！」

そう。忘れもしない、声優講座ビデオの販売元《はんばい》。

そしてなんと広告には、このオーディションに合格すると、特待生として週1回のレッスンを無料で受けられると書いてあります。

「養成所にタダで通えるなんて！」

まだオーディションすら受けてもいない段階にもかかわらず、養成所に通っている自分の姿を思い描いて、とても興奮したのを覚えています。

そんな情報を得ることができたのも、演劇部の仲間のおかげ。もしその情報を彼《かれ》らが教えてくれていなかったら、僕はそのオーディションに気付いてさえいなかったわけです。自力でほかのオーディションを見つけ、仮に合格できたとしても、学費のかかるものだったとしたら、やはり当時は諦《あきら》めていたかもしれません。

だからこそ。皆さんも本気の夢ができたそのときは、恥《は》ずかしくても自信がなくても、とにかく声に出してみてほしいのです。

すると僕のように、自分では想像もしていなかった不思議なご縁《えん》がつながって、思わぬ道が開けることもある——。

それに、同じ夢を持つ同志がいるというのは、とても素敵なことですよね。ひとりだと乗り越《こ》えられないような壁《かべ》に直面したときも、仲間やライバルといった存在がいることで頑張《がんば》れたりする。そんな仲間たちと、学生時代という早いタイミングで出会えたのは、自分にとって本当にラッキーなことでした。

究極《きゅうきょく》の選択に、「タラレバ」はない！

その後、はじめて臨んだオーディションに見事合格し、ありがたいことに養成所の門をくぐるチャンスを手に——。

こう書くと、トントン拍子《びょうし》でうまく軌道《きどう》に乗ることができたように聞こえてしまいますが、実際には……。

そのときの経緯《けいい》が少々ドラマチックだったので、少しだけ振り返ってみたいと思います（笑）。

波乱が起きたのは、二次審査《しんさ》を通過したあと。

なんと最終審査の日程が、演劇部の公演日と重なってしまったんです。

「なんて運が悪いんだ……」

「どうしたらいいんだろう……」

もちろん、本来は悩《なや》むべきことではありません。全演劇部員が一丸となって、何ヵ月もかけて作り上げてきた舞台《ぶたい》です。しかも、僕が務めるのは主役。ここで「僕、オーディションがあるので」などと言って、舞台に穴を開けるわけにはいきません。

けれど。それは重々わかっていながらも、もう一方で、あれだけ憧《あこが》れていた声優への道が開かれようとしている——。その事実に、心は揺れ動きました。

今思うと、自分がいかに無知だったかに驚《おどろ》きます。そのオーディションの最終審査を受け合格したら、声優として、すぐにでも活躍できると思っていたんですから。逆にここで受けることができなければ、その夢が一気に遠のいてしまうようにも感じていたんですね。

実際には、チャンスはほかにも沢山あるわけですし、たった一度オーディションがダメになってしまったからといって諦められるくらいなら、つまりはその程度の夢だった、ということかもしれません。

とはいえ、高校生の経験値ではなかなか想像できるものではなく……。

最終的には、断腸の思いで「オーディションを辞退する」という決断をし、事務局にお返事をさせていただきました。

「もう二度と、こんな大きなチャンスにめぐりあえないかもしれない」と、かなり落ち込んだことを覚えています。

ところが、数日後に事務局から連絡《れんらく》が。なんと日をあらためて、再びオーディションをしてくださると言うのです！

結果は、既《すで》にお話しした通り、ありがたいことに合格。

蓋を開けてみれば、オーディションの応募《おうぼ》総数は約2700名。そのうち合格者は3名という狭《せま》き門だったそうです。

900人にひとり。もし受ける前にこの倍率を知ってしまっていたら、尻込《しりご》みして止めてしまっていたかもしれません。

後日。演劇部の友人たちに合格の報告《ほうこく》をしたところ、まるで自分のことのように心から喜んでくれました。

そんな姿を見て、あらためてうれしい気持ちが膨らんでいくのと同時に、少し苦しくも感じました。それは、密《ひそ》かに公演とオーディションを天秤《てんびん》にかけてしまっていた自分への後悔《こうかい》の気持ちからです。

もしあのとき、オーディションを選んでしまっていたら。

その後の高校生活は、罪悪感でいっぱいの居心地の悪いものになってしまっていたに違《ちが》いありません。

実力も経験もないはずの当時の僕が、この〝合格〟という最良の結果を得られた理由。

それは、自分の都合を優先するのではなく、最終的に仲間のことを一番に考えるという「当たり前ではあるけれど、実はなかなか難しい人間らしい決断」ができたからこそだと、そう考えています。

「これで声優になれるんだ！」

僕は、明るく前向きな気持ちでいっぱいでした。

しかし――このあと、世の中はそんなに甘《あま》くはないということを、これでもかというくらいに思い知らされます。

そう。この段階での僕はまだ、声優への道のスタートラインにも立てていなかったのです。

人よりもどれだけ努力できるか

養成所には、合格したその年の春、高校2年生から通うことになりました。埼玉《さいたま》県の実家から、都内の養成所まで1時間半。それまでも家族や友人と一緒に東京へ訪れることはありましたが、自分ひとりだけで都内に出かけることなど初めてだったので、当時の僕にとっては、養成所までたどり着くこと自体が既にチャレンジでもありました。

僕の通っていた養成所には、基礎科《きそか》・本科・研修科という3段階のステージがあります。初級、中級、上級へとステップアップしていくようなイメージです。

基礎科では、ストレッチ・発声・滑舌《かつぜつ》・腹式呼吸・朗読・セリフ・エチュードなど、役者としての基礎を学びます。本科では、表現力・創造力を高めるためのプログラムや舞台本を使用したレッスンなどを行い、徐々《じょじょ》にお芝居の経験を積んでいきます。

研修科では、より声優の現場に近い内容でのレッスン。プロとしての心構えからはじまり、舞台本を使用した稽古《けいこ》、アフレコ実習、ラジオドラマ形式での発表会などが行われます。年度末に実施される所内オーディションを受け、それに合格すれば、晴れてグループプロダクションに所属することができる、という形です。

僕が最初に属した基礎科の生徒約20人のうち、ほとんどは社会人の方でした。当時高校2年生の僕は最年少。中には僕の母と同年代くらいの生徒さんもいらっしゃって、「大人に混ざってレッスンを受ける」ということ自体、どこか特別な気分でした。

とはいえ、既にお話しした通り、僕はかなりの人見知り。知らない人たちと一緒に行動するのが苦手な性質のため、はじめはすごく緊張《きんちょう》していたのを覚えています。

思い返してみれば、当時最年少の僕を少しでも安心させようと、クラスみんなでかわいがってくれていたのでしょう。こちらが緊張して黙《だま》ってしまったとしても、周りの大人たちが気を遣《つか》って話しかけてくれる。人生の先輩《せんぱい》が多かった養成所の雰囲気《ふんいき》は、僕にとって非常にありがたかったですね。

そんなあたたかい空気の中、しばらくの間、楽しくレッスンを受けていたのですが……。しばらく基礎科に通っていると、週1回3時間の講習・ワークショップでは、だんだんと物足りなさを感じるようになりました。

それもそのはず。週にたったの3時間だけで、簡単に夢が叶《かな》うわけがありません。

「このレッスンは、本当に自分のためになっているのかな」

「往復3時間もかけて東京まで通う意味はあるのかな」

そんな不安を抱きつつ、通いはじめて半年ばかりが過ぎた頃。

講師の方が、その後の僕のプロ意識にも影響《えいきょう》しているであろう、とても素敵な言葉をかけてくださいました。

「レッスンの3時間は、あくまで発表をする場であってトレーニングじゃない。この時間を除いた、それ以外の1週間こそがレッスンなんだよ」

僕の姿勢から、どこか受け身な部分が感じられたのでしょう。

ハッとしました。まさに図星でしたから。

僕は小さい頃から、「夢中になっていることを第一に考える」ことが信条だったはず。

それにもかかわらず、気が付けば、レッスンを受けていれば自動的に声優になれるのだと受け身になってしまっていたのです。

オーディションに合格し、特待生として養成所に通えたとしても、それは別に「声優行き」のチケットをもらったわけではない――。

「僕はまだ、声優になるための〝チャンス〟をつかんだだけ。今はそのために、日々やるべきことを実践《じっせん》するだけなんだ」

芝居の奥は深い。けれど、養成所は〝それ以前の場所〟です。

つまり、芝居の世界のスタートラインにすら立てていない。

良い芝居、悪い芝居などという手前。セリフを覚えているか、役に対してどれだけの熱量と愛情と時間を費したか。養成所での限られたレッスン時間でわかるのは、せいぜいそれくらいの差です。

「そんなことで、ほかの生徒たちに負けていられない」

クラスで一番になって当たり前なんです。レッスンは、誰《だれ》に対しても平等に週3時間。

その3時間の中で役作りや演技プランを考えていては、当然時間が足りません。

そこでレッスン以外の時間は、ひたすら「いかに芝居の質を上げるか」を考える時間とし、片っ端《ぱし》から実践することにしました。レッスン当日までに、役に対しての自分なりのアプローチを色々と試して、当日それをぶつける。学校の休み時間、アルバイトの休憩《きゅうけい》時間、どんなタイミングでも構わない。隙《すき》を見つけてはセリフを練習したり、どういった表現をすればインパクトを与えられるのかなど、課題について常に考えました。


実はこれ、勉強の予習・復習と似ているんです。

学校の授業には基本的に教科書があって、あらかじめなにをするかカリキュラムが決まっています。つまり、それを先周りして勉強しておくことで、自分が苦手な点・わからない点を把握《はあく》しておけるというわけです。授業では、そこを重点的に聞くことで「なるほど」と理解できるようになる。授業に対して受け身でいると、頭に入れて整理するだけでひと苦労ですよね。

レッスンも同じで、あらかじめ演技プランを考えておき、自分の中でさまざまなシミュレーションを繰り返しておく。準備さえできていれば、自分が解釈《かいしゃく》した演技を迷うことなくぶつけることができます。

受け身と意欲的な態度とでは、吸収速度がまるで違う。

勉強でも部活でも、なにごにおいてもそうだと思うのですが、人より抜《ぬ》きんでたいと思ったら、あるいは抜きんでる必要があったら、結局は「人よりもどれだけ努力できるか」に尽《つ》きるのではないでしょうか。

もちろん運の要素だってあるし、自分の考えが及《およ》ばないところで誰《だれ》かの思惑《おもわく》が働いていたりすることだって、残念ながらあると思います。でも、そんなことをいくら懸念《けねん》してもなんの得にもなりません。だったら、自分でできることは最低限努力しておく。やるだけやったと感じられることが大事で、そう思えたことが自信にもつながります。そこまでやってはじめて、「あとは神のみぞ知る」です。

声優という職業は一見、生まれ持った才能や運に左右される要素が強い職業に思われるかもしれません。でも、決してそんなことはないのです。

同時に、一度その道を目指すと決めた以上は、それ相応の覚悟《かくご》も必要になりますが……。

そのために、自分自身でなにができるのか。

実は、とてもシンプルです。

ただひたすら目の前のことに、ひと一倍の全力で取り組み続ける、それだけなんです。

養成所に通いはじめてから高校を卒業するまでの2年間。明確な進展という意味では、あまりにも成果の出ない日々が続きます。そんな状況《じょうきょう》に焦《あせ》った僕は、ふと自分の実力を試そうと思い立ち、とあるオーディションに参加することにしました。

それは、声優や歌手志望の若者を対象に開催《かいさい》された、「VSオーディション2003」というもの。

オーディションで優勝したのは喜多村英梨《きたむらえり》*1さん。ほかにも茅原実里《ちはらみのり》*2さん、藤田咲《ふじたさき》*3さんら、現在、第一線で活躍されている声優さんたちも沢山参加していらっしゃいました。

そんな中、なんと僕はファイナリスト賞（準優勝）をいただくことができたのです。

「やった！　これで仕事がくるようになるかもしれない！」

*1　**喜多村英梨**｜女性声優。1987年生まれ。幼少期より子役として活動。2003年の「VSオーディション2003」でグランプリを獲得し、『LAST EXILE』のタチアナ・ヴィスラ役で声優デビュー。代表作は『BLOOD＋』音無小夜役、『タイムボカン 逆襲の三悪人』ビマージョ役など。

*2　**茅原実里**｜女性声優。2004年『天上天下』棗亜夜役で声優デビュー。代表作は『涼宮ハルヒの憂鬱』長門有希役、『みなみけ』南千秋役、『響け！ユーフォニアム』中世古香織役など。

……またしても僕は、無知ゆえの淡《あわ》い期待を持ってしまったのです。前回の騒動《そうどう》からなにも学んでいませんね（笑）。

案の定、現実は特に変わらず、声優としての仕事のない、バイトとレッスンに明け暮れる日々が続いていきます。

現場が一番の勉強の場

高校卒業後にはひとり暮らしをはじめたものの、バイトをしながらレッスンを受けるという相変わらずの日々。

初めて形に残る仕事ができたのは18歳《さい》のとき。ゲームのお仕事でした。

極端にセリフが多い役でもなく、現場には自分ひとり。収録も1～2時間程度で終わる、比較的《ひかくてき》易しい内容のものでした。ですが、その決してハードルの高くはないはずの収録に、これ以上ないほど緊張して臨んだことを覚えています。

以降も、なかなか仕事にありつけない日々が続きます。当時の僕は、現場に呼んでい

＊3　**藤田咲**｜女性声優。歌声合成ソフト『VOCALOIDシリーズ』初音ミクのキャラクターボイスを担当。代表作は、『キラキラ☆プリキュアアラモード』琴爪ゆかり／キュアマカロン役、『進撃の巨人』ユミル役、『暗殺教室』律〈自立思考固定砲台〉役など。

ただけたとしても、生徒1や兵士Aといった名前のない役ばかり。もちろん、どんなキャラクターであっても、その作品にとっては大事な存在。全力で取り組むのは変わりません。とはいえ、セリフ量は少なく、やれることも限られてしまいます。だからこそ現場では、芝居以外のことも含めて、少しでも多くのことを吸収しようと必死でした。

誰よりも先にスタジオに入り、やってくる役者さん・スタッフさんたちにご挨拶《あいさつ》をしたり、端の席に座ってドアの開け閉め係をやったり、空調を調節したり……。新人である自分にできることはないか、ということを常に考えながらその場にいるよう心がけていました。

〝生徒1〟には「個性」なんて求められてはいません。そこで「僕を見てくれ！」なんて派手な演技はいらない。作品にとってのひとつの歯車として、しっかりとその役割を果たさなくてはならないのです。

けれど。なによりも、レッスンでは学ぶことのできない「現場の空気感」を肌《はだ》で感じ、先輩声優の皆さんの芝居を生で聴ける、そんな機会がとてもうれしかったですね。どんなレッスンよりも一番の勉強になります。

当時は、現場にいられること自体、それだけで本当に幸せで。そのチャンスがなくなってしまえば、毎日がバイト漬《づ》けの日々。

「自分はなにをやってるんだろう……？」と、後ろ向きな気持ちがあふれてきてしまうこともありました。

そんな中、このままではいけないと考え、同じく声優の卵である仲間たちと集まって、自主練習をしたりワークショップに参加してみたりと、自分たちでやれることを必死に探して取り組んでいました。

でも、そんな同じ駆《か》け出しの声優仲間の中にも、現場に呼ばれはじめている人が増えている――。

そういった状況が長く続くと、「自分にはやっぱり才能がないのかな……」と漠然《ばくぜん》とした〝不安〟に襲《おそ》われることもありました。

暗黒時代に起きた〝ふたつの事件〟

ここからは言うなれば、僕の中での暗黒時代のお話です（笑）。

……と言っても今思えば、そんなに悲観する状況でもなかったようにも思えますが、その真っただ中にいたときには、どうすればいいのかがまったくわからず、ひたすら辛《つら》く苦しい日々だったように記憶《きおく》しています。


声優が大きな役をつかむためには、作品ごとに開かれる〝オーディション〟を受け、合格する必要があります。これは誰でも参加できるわけではなく、事務所ごとにエントリー可能な定員数が決まっている場合がほとんどです。

僕がその当時所属していたアーツビジョンは規模が大きく、抱《かか》えている声優の数もかなり多い事務所。最前線で活躍《かつやく》されている先輩方も大勢いらっしゃるため、ド新人の僕にはそのオーディションに参加するチャンスすら、なかなかめぐってきませんでした。

そんな中、くすぶっていた僕をどん底に叩《たた》き落とすには十分な、あるふたつの〝事件〟が起こります。

当時、養成所とは別に、事務所に入って間もない役者だけを集めたワークショップが、数ヵ月に1度のペースで行われていました。

その内容はというと、プロも使用する録音スタジオで、第一線で活躍されている音響《おんきょう》監督《かんとく》の方に、アニメや吹《ふ》き替《か》え・ラジオドラマ等を題材に、実際に演出をしていただけるというもの。

これは、そんなありがたく貴重なワークショップで起きたとある出来事――。

その日のレッスンはAキャストとBキャストに分かれて、メインキャラクターと脇役《わきやく》を交代《こうたい》しながら、それぞれ違う役を演じるという内容。AかB、どちらかのキャスティングで、必ず〝いい役〟（メインキャラクター）を演じるチャンスがあるというわけです。

僕はまず、Aキャストで「ウェイター1」という役を演じることに。セリフはほとんどありません。つまり、Bキャストでは〝いい役〟を演じられるはずです。

「よし、この機会に自分をアピールするぞ！」

しかし……。

蓋を開けてみれば、Bキャストで僕が割り振《ふ》られた役は、まさかの「ウェイター2」。エリックやマークじゃないんです。またしてもウェイター役。

僕はウェイターの授業を受けにきているわけじゃないのに！（笑）

「なにかの間違いでは？」と思いましたが、事務所のスタッフさんからは特に訂正《ていせい》の連絡もなし。

かといって、駆《か》け出しのひよっこが「さっきウェイター役をやったので、今度はメインキャラクターをやらせてください！」なんて、とてもじゃないけれど言えません。

「あ、事務所はもう僕を見る気がないんだな……」

先輩声優がメインの役を演じるなら、自分が脇役でも納得できます。でも今、目の前でメインを演じているのは自分の同期。ひと一倍努力してきた自信があったにもかかわらず、それでも選ばれなかったという事実に、僕の自尊心は深く傷つきました。

ワークショップからの帰り道。

不甲斐《ふがい》なさとやりきれない気持ちが押し寄せてきて、悔《くや》し涙《なみだ》が止まりませんでした。

それから数ヵ月後。さらに僕をどん底にたたき落とすような事件が起こります。なかなかオーディションに参加できなかった僕が、念願叶《かな》って、とあるテレビアニメの主役オーディションのお話をいただけたときのことでした。

前回の事件で、「もしかしたら自分には才能がないのかもしれない……」とすっかり意気消沈《いきしょうちん》していた僕にとって、ようやくめぐってきた絶好のチャンス。そのときのオーディションにかける意気込みは、相当凄《すさ》まじいものがあったと思います。しかも一次審《しん》査《さ》、二次審査と順調に進むことができ、なんと最終審査までたどり着くことができたのです。

「このオーディションに合格すれば、ようやく声優としての人生がスタートできる！」

あふれる期待で胸ははち切れんばかり。

会場に到着《とうちゃく》すると、同じ原稿《げんこう》を持っている名前の知らない男性がひとり。年齢も近そうです。

そう。最終審査を受けるのは僕と彼、ふたりだけでした。

つまり、このふたりのうち、どちらか良い演技をした方が合格する――。

確率は50%。こんなにわかりやすいことはありません。自分の置かれている状況を知って、さらに闘争心《とうそうしん》に火がつきました。緊張する気持ちも吹き飛んで、しっかりと集中して演じることができたという実感もありました。

運命の結果発表は、忘れもしない2006年の年末。

友人とフットサルをしていたときのことでした。僕の携帯《けいたい》電話に事務所から着信があり、留守電にメッセージが残されていました。心臓は早くも、期待と緊張で張り裂《さ》けそうです。

「やるだけやったんだ。落ち着いて、メッセージを聞けばいい」

震《ふる》える指で携帯を操作し、留守電を確認します。

ところが……。

「今回、大変惜《お》しいところまで進んだのですが……残念でした」

暗い声をした担当デスクさんからのメッセージが流れました。

クリスマスも終わり、街はお正月を迎《むか》えるための準備で大賑《おおにぎわ》い。誰もが楽しそうでした。

僕、年末の雰囲気が大好きなんです。これから新しい年を迎える、街全体がワクワクしている感じが。けれど、その年のことは、オーディションに落ちたショックが大きすぎたせいか、まったくと言っていいほど記憶にありません。

「問題は僕にある。自分が変わらなくてはいけない」

なにを思ったか衝動的《しょうどうてき》に美容室に行き、ほとんどモヒカンに近い奇抜《きばつ》なヘアースタイルにしてみたこともありました（笑）。

髪型《かみがた》を変えたところでなにも変わるはずはない。そんなことは重々承知しているはずなのですが、それでもなにかを変えたかった。なにかをしていたかった。

自暴自棄《じぼうじき》になっていたんでしょうね。このときが一番、「声優を辞めようかな」と考えていたタイミングでもありました。

僕がオーディションに落ちたその作品は、４月からスタートする春の新番組。年が明けると、次第にアニメ雑誌等で紹介《しょうかい》されはじめ、主要キャラクターの声を務める声優の名前も掲載《けいさい》されはじめました。

オーディション現場にいたのはふたりだけ。つまり、あのときあの場所にいた相手が誰だったのかということがわかります。

〝代永翼《よながつばさ》〟*4という人でした。

「ここに載《の》っているのは僕だったかもしれない」

既に自分の手からチャンスは去ってしまっているのに、記事を見る度にそんなことを考えてしまう。そんな状況が本当に苦しかったですし、なにより、そんな自分が大嫌いでした。

さて。

ふたつの事件を通して、当時の僕の迷走ぶり、伝わったでしょうか？（笑）

ひとつひとつのチャンスや失敗に一喜《いっき》一憂《いちゆう》していたんですね。

ちなみに、ひとつめの事件には後日談があります。

例のワークショップ。なぜ僕だけ、あそこまでチャンスをもらえなかったのか？

＊4　代永翼｜男性声優。1984年生まれ。2007年『おおきく振りかぶって』の主人公・三橋廉役でブレイク。代表作は『イナズマイレブンGOギャラクシー』皆帆和人役、『Free!』葉月渚役、『カードファイト!! ヴァンガード』先導アイチ役、『アイドリッシュセブン』和泉三月役など。

数年後、おそるおそる事務所の方に聞いてみたところ、「梶君は既に上のクラスにいくことが決まっていて、査定の必要がなかったから」という返事が。

……だとしたら、それを早く言ってくれていれば！

あのとき現場で勇気を出して聞いていたら、もしかすると、ここまでどん底な気分を味わわずに済んだかもしれません。どんなに言い辛いことも、必要であれば口に出して伝えるべきだということも強く思い知らされましたね（笑）。

ふたつめの事件だって角度を変えて考えてみれば、結果的に僕は「いい線まで進んでいた」と解釈《かいしゃく》できるわけです。これまでは主役のオーディションを受けるチャンスすらなかなか手にすることができなかったのにもかかわらず、少なくとも「主役をやれるかもしれないふたりのうちのひとり」にまで選ばれていたわけですから。

「思ったより状況は悪くないんじゃないか」

「もう少しだけ頑張れば、またチャンスは僕のもとにやってくるんじゃないか」

……正直、当時はとてもじゃないですが、そんな風に考える余裕《よゆう》はありませんでした。

でも。どんなに落ち込んでも、声優の道をきっぱり諦めるまでには至りませんでした。

悔《くや》しさの方が大きかったから。

「自分はまだ、見つけてもらえてさえいないんだ」

ダメかどうかもわからないのに、辞めるなんてことはできなかったんです。たとえ落ち込んでも、その気持ちは再び闘志《とうし》に変わって、「いつか見てろ！」と、その繰《く》り返しでしたね。


駆け出し時代に色々やらかしているのは、おそらく僕だけじゃないはずです。かつての僕がそうだったように、不遇《ふぐう》の時代を過ごした役者はきっと、誰もが不安な気持ちのあまり、一度は斜《なな》め上の行動に出た〝暗黒時代〟を経験しているのではないかと思います（笑）。

事務所を変えてみるべきなんだろうか、ワークショップに参加するべきなんだろうか、それとも飲み会に沢山参加して新しい出会いに賭《か》けるべきなのか――。

周りからすれば迷走としか思えない行動かもしれませんが、当の本人にしてみれば大まじめ。なにかをせずにはいられないんです。

でも結果的に、そんな苦しい時代を経験したことが、今でもこの業界で戦い続けていられるモチベーションにつながっているのではないかとも思います。

お仕事をいただけるようになってからも、当然浮《う》き沈《しず》みはありますし、失敗して落ち込むことも沢山あります。でも多少のハードルは、「こんなのなんてことない。仕事をいただけるだけでありがたい」という気持ちで乗り切ることができてしまいます。もし最初からトントン拍子で軌道に乗ってしまっていたら、仕事に対するハングリー精神が弱く、壁にぶつかったとき、簡単に声優の道を諦めてしまうような自分になっていたかもしれませんしね。

不遇の時代を抜けて

仕事の借りは、仕事で返すしかない。どん底にいた僕を救ってくれたのは、再びめぐってきたオーディションのチャンスでした。

2007年に放送された、テレビアニメ『Over Drive』[*5]の主役オーディション。まずはテープオーディションからエントリースタート。例のごとく、ちゃんとしたスタジオを使わせてもらえる権利などなく、会議室にあるラジカセで録音。それを提出《ていしゅつ》し、いつも通り結果を待つことになりました。

そして数週間後、友人と東京ディズニーシーで遊んでいたときのこと。ふと携帯電話を見ると、事務所から留守電が入っていることに気が付きました。楽しみにしていたテーマパークでの時間ということで完全にオフモード。すっかり油断しきっていたので、定期的にいただく業務連絡だと思いメッセージを聞いてみると、「先日受けていただいたオーディションの件で、お話ししたいことがあります。折り返しお電話ください」とのことでした。

「なぜ結果を言わないんだろう?」

「それとも、なにか問題でも起こしてしまったのか?」

不安にかられつつ、急いで事務所に電話をかけてみると「『Over Drive』決まりました!」と弾《はず》んだ声が。

＊5 『Over Drive』| 2005～2008年に『週刊少年マガジン』で連載されていたロードレースマンガ。安田剛士著。幼い頃のトラウマから自転車に乗れなかった高校生・篠崎ミコトが自転車部に勧誘され、ロードレースの楽しさに目覚めていく。2007年にテレビ東京系でアニメが放送された。

とはいえ、前回のオーディションでの悔しい記憶はまだ新しいまま。小さな喜びと同時に、次の段階であるスタジオオーディションへの気合いを入れ、日程を訊《たず》ねます。すると。

なんと今回、テープオーディションだけで合格が決定したと言うのです！　予想も、想像もしていなかった事態になかなか現状が飲みこめず、「本当ですか!?」と何度も聞き返し、デスクさんを困らせてしまった記憶があります（笑）。

良いことも悪いことも、なんの前触れもなく訪れるもの。

そうです。つまりは、僕がテレビアニメの主役を演じられることが決まったのです！

「はじめてオーディションに受かった！　主役だ！」

喜び、興奮、期待。それらと共に、今までの辛さや悔しさ、これからの不安など、さまざまな感情が一気に僕の中にあふれ出してきました。それは生まれて初めての感覚で、賑やかなはずの周囲の音がまったく聞こえなくなるほどでした。

高校時代、人生ではじめて受けたオーディションに合格し、特待生としてスタートを切れたときもすごくうれしかった。けれど、今回のオーディション合格は、それとは比較になりません。何年も努力して、挫折《ざせつ》を味わい、それでも諦めずに続けた結果、やっと勝ち取ったもの。そんな形容しがたい感情の昂《たか》ぶりも、時間が経つにつれ少しずつ収まり、最後にはやはり〝うれしい〟という気持ちが強く残りました。

人間って、あまりにうれしいと涙が出るものなんですね。もともと、ひと一倍人目を気にしてしまうタイプなのにもかかわらず、そのときは、もうそんなことはどうでもよくなって、声を上げてワンワン泣いてしまいました。ディズニーシーで最も号泣《ごうきゅう》した成人男性は、もしかしたら僕かもしれませんね（笑）。

しばらくして少し落ち着くと、今度は「感謝の気持ちを伝えなければ」と思い立ち、僕は応援《おうえん》してくれていた母に電話で報告することにしました。母は普段《ふだん》と違う僕の様子に驚いていているようでしたが、オーディションで主役の座を勝ち取ったと聞くと「本当に良かったね」と、電話口の向こうで自分のことのように喜び、一緒に泣いてくれました。

うれしさの次にやって来た感情は「やってやるぞ」という気持ち。ディズニーシーをあとにして、そのまま本屋に直行。なけなしのお金で、当時発売されていた『Over Drive』の原作マンガを最新巻まで買い揃《そろ》え、自宅で読みつつ、またも号泣。

同じ涙でも、数ヵ月前にワークショップからの帰り道に流した涙とは、全然違う種類のものでした。

演じられることの喜び

『Over Drive』の主役・篠崎《しのざき》ミコト役に決まったことで、僕はついに「自分を見てもらえるときがきた！」と、そう思いました。

それまで演じてきた役は、生徒1や兵士Aです。それらの役ももちろん大事ですが、『Over Drive』ではいきなりの主役。レギュラーとして参加させていただける仕事自体がはじめてだった僕にとって、まるで未知の世界でした。

週に1度のアフレコが本当に楽しみで待ち遠しかったのと同時に、収録日が近づくと「ちゃんとできるだろうか……」と不安な気持ちになったりしていたのを覚えています。

レギュラー出演する役を射止め、アフレコに毎回参加できるようになると、共演者やスタッフの皆さんに顔や声を覚えていただけます。特に、人見知りである僕にとって、共演者の先輩方に認識していただけるというのはとても大きかったです。現場にひとりでも知り合いがいると、たちまち緊張がほぐれるんですね。お会いする回数が増えていくと、少しずつではありますが、自分のことを知ってもらえる。兄貴肌な先輩がいらっしゃったりすると、「こいつ、面白いやつなんだよ」といじってくださったり。

2クールの作品であれば、同じメンバーで半年間もの時間を共にするわけで、出演者みんなで飲みに行く機会も多くなり、そのおかげでもあってか、芝居以外での余計な緊張も少しずつ減ってきて、自分が本当にやりたかった表現がなんとなく形になりはじめたりもしました。

まるで固いバルブが緩《ゆる》み、これまでため込んできた僕の中の芝居への想いが、ゆっくりとあふれ出していくような感覚。

主役を務める人は、その現場では「座長」という役割に自然と落ち着きます。言うなれば、〝役者〟という部署《ぶしょ》のリーダーのようなものです。これは声優の現場だけではなく、舞台や映像でも同じですね。

基本的には主役を中心にストーリーが展開していくはずなので、必然的に出演時間も長くなるわけです。より良い作品にするため、座長として、現場の雰囲気も組み立てていかなくてはなりません。作品を作る上で、現場の空気は良いに越《こ》したことはありませんからね。

『Over Drive』の主役は、僕。

本来ならば、僕が座長としての役割を担っていかなければならないところです。ですが、この時点では「座長としてなにをすべきか」ということについて、僕は正直、まだなにも考えることはできませんでした。

当時は、とにかく自分のことで精いっぱい。周囲のことにはまったく気が回らず、今思えば、先輩方に迷惑《めいわく》をかけ通しになってしまっていたのかなと思います。

そんな「座長」についての今の僕の考え方は、また後ほどお話しさせていただくとして——。

『Over Drive』のあとは、以前よりオーディションを受けさせていただける機会も増え、翌年、『夜桜四重奏～ヨザクラカルテット～』*6という作品でも、主人公の比泉秋名《ひいずみあきな》という役を射止めることができました。この作品で出会った方々とは今でも深い付き合いが続いているほど、僕にとって大切なチームです。

どん底の時期に、2作続けて素晴らしい作品・座組《ざぐみ》*7とかかわれたことは、なかば腐《くさ》りかけていた僕に「もしかしたら、このまま声優を続けていけるかも」と、大きな希望と勇気を与えてくれました。

この素敵なご縁は、今までも、これからも、僕にとってかけがえのない財産として、必ず残っていってくれることでしょう。

＊6　**『夜桜四重奏～ヨザクラカルテット～』**｜2006年より『月刊少年シリウス』で連載中のファンタジーマンガ。ヤスダスズヒト著。2008年と2013年にテレビアニメ化された。人間と妖怪が共存する町を舞台に、女子高校生の町長・槍桜ヒメと生活相談事務所の所長・比泉秋名が、日々起きる奇妙な事件を解決していく。

＊7　**座組**｜ひとつの演劇作品や舞台芸術などにかかわる全メンバーのこと。

第3章

「声優」って、どんな仕事?

WORLDLY WISDOM
FOR 14 YEARS OLD

「切り替《か》える力」と「瞬発力《しゅんぱつりょく》」

よくある質問のひとつに、「演じることが好きなら、声優ではなく俳優という道もあったのでは？」といったものがあります。

自分でも不思議なのですが、14歳《さい》当時に感銘《かんめい》を受けた、「声優とは、努力したことのすべてが自分の力になる職業」という言葉に出会って以来、俳優という選択肢《せんたくし》は、なぜかまったく浮《う》かんできませんでした。

もしかしたら、この本を読んでくださっている方の中には、「声優になりたい！　でも俳優も面白そうだな……」と迷われている人もいるかもしれません。そんな人に向けて、両者の違《ちが》いについて、僕《ぼく》の考えを少しだけお話ししたいと思います。

まず、声優とはどんな仕事なのか。

最近はアフレコ現場が公開される機会も少なくないので、声優がどういった環境《かんきょう》でお芝居《しばい》しているのか、皆《みな》さんもある程度のイメージをお持ちかもしれません。

アニメや吹《ふ》き替えの現場で行われる〝アフレコ〟とは、録音スタジオのブースに共演するほかの声優さんたちと一緒《いっしょ》に入って待機し、自分が演じるキャラクターの出番が来たらマイク前に移動、画面に現れる映像に合わせて声を入れていく、というもの。ちなみに、30分アニメ1本分を収録するのには、通常だいたい3〜5時間程度の時間がかかります。

ご存知かとは思いますが、アフレコの場合、基本的には自分のリズムやテンポで表現をするわけではなく、映像のキャラクターの口パクや動作に合わせて、声だけでお芝居をしなければいけないという制約があります。

また、専門的な技術も求められます。マイクの指向性を把握《はあく》した上での位置どり、尺に合わせてセリフを言い切る技術など基礎的《きそてき》なものからはじまり、編集の都合上、「別録《ど》り」となった、その場にいない相手との架空《かくう》の掛《か》け合いを、いかに自然な会話として成立させるか、といったテクニック等も必要になってきます。

僕は映像や舞台《ぶたい》についてはは専門外ですが、声優の立場から見て、同じ「演じる」という職業でも、求められるセンスや技術には、かなりの違いがあるのではないかなと感じています。

中でも最も大きな違いだと思うのは、シーンごとの気持ちの切り替えです。

映像の撮影《さつえい》現場では、ひとつのシーンが終わると一度カットがかかり、セットを組み替えたり、場所を移動したりする時間が生まれ、役者はその間に次のシーンへと気持ちを切り替えることができますよね。

でもアフレコの場合、映像をシーンごとに区切って収録する、ということは基本的にはありません。途中休憩《とちゅうきゅうけい》を挟《はさ》みつつも、既《すで》に編集された映像を頭から流し、声優はそれに合わせる形で役を演じていきます。

つまり、途切れることなく変化し続けるシーンに合わせて、一瞬《いっしゅん》で気持ちを切り替え対応していくテクニックが必要になってくるというわけです。

たとえば、ドラマが展開していく過程でなにか悲しい出来事が起こり、夜、泣き叫《さけ》んでいたキャラクターがいたとします。けれど、シーンが切り替わって次のカット。翌朝には、同じキャラクターがスッキリとした笑顔で「おはよう！」と言いながら登場したりする。

劇中では時間経過がありますが、演じる側はそれを一瞬で切り替えなければならないのです。

でも本来、人の感情って、そんなに簡単に切り替えられるものではないですよね？（笑）

キャラクターと心をシンクロさせすぎてしまうと、その後のシーンでの切り替えがうまくいかず、なにかしら不都合が起きてくる――。

そのあたりも、声優の演技ならではの難しさだと思っています。

また、映像の中に存在するキャラクターありきのため、どんなに気合いの入った熱演だったとしても、そのキャラクターの動きやイメージから逸脱《いつだつ》してしまえばNG。自分の芝居を見せるために作品があるわけではないのです。

とはいえ、アフレコはキャラクターに魂《たましい》を宿す作業。ただそれっぽくセリフを言うだけでは、人の心を動かす音には到底《とうてい》聴こえるはずがありません。そのバランスがとても難しいのです。

本当は、シーンごとに休憩を挟み、次の場面の気持ちを作る時間があればいいのかもしれませんが、アニメの現場は常に時間との戦い。決められた時間の中で、ベストな芝居を引き出さなければならないのです。

そう。アニメ制作において声優は、あくまで〝音響《おんきょう》チームの中で演技部門を担当しているスタッフ〟でしかないのです。なので現場は、声優の都合ありきで動いてなどくれません。

もちろん、役者の感情が昂ぶり過ぎたときには一度収録を止め、落ち着いてから次のシーンに移る、というようなこともあります。もしかすると、その方がいい芝居ができるかもしれません。

けれど、それが罷《まか》り通ってしまうと、今度は〝収録時間の制約〟からはみ出てしまうというデメリットも生じてしまう。

現在の声優の仕事の多くは、ひとつの役に対して割ける時間も限られています。1日にいくつもの作品を掛け持ちし、頭と心を切り替えながら何役も演じる……。

そんなアクロバティックなことも、ごく当たり前に行われています。

つまり、その現場ごとに、いかに集中力を発揮するか。そんな力も求められてくるわけです。

声優と俳優。どちらが良い悪いというのではありません。それぞれの楽しさや難しさ、それに応じたスタイルがあるというお話です。

とはいえ。ここには書ききれなかったような多くの理由もひっくるめて、僕にとっては、この『声優』という職業が、結果的には向いていたように感じています。

声優の仕事はどう決まる？

声優の仕事は、どんな流れを経て決まっていくのか。

ここまで読んでくださった皆さんはおわかりかと思いますが、声優が仕事を得るためには、多くの場合、オーディションを受けることになります。これは新人でも中堅《ちゅうけん》でも、場合によってはベテランの役者さんでも同じ。

まれに、「この役はぜひ、○○さんでお願いします」とオファーをいただけたりすることもあるかとは思いますが、結局はそれも、ほかのオーディションに勝ち抜《ぬ》いて結果を残し、声のイメージを持っていただけているからこそ。

チャンスは平等。そう聞くと、まったくの新人が大作アニメのオーディションで才能を見出され、いきなり主演声優として大抜擢《ばってき》される——そんなマンガのようなシンデレラストーリーもありえそうですが、実際には、そう簡単にミラクルは起こりません。

なにしろ、既に第一線で活躍《かつやく》されている先輩《せんぱい》たちと役を争うのです。その方たちには新人よりも確実に、実力も経験も、そしてほとんどの場合、ある程度以上の知名度や人気もあるわけです。

では新人声優は、どのような段階を経て上を目指していくのか。

通常はオーディションに何度もトライしながら、たまにいただける男Aやウェイター1などの端役《はやく》をこなしつつチャンスをうかがうのですが……かつての僕のように大きな事務所に所属している場合、オーディションの枠《わく》自体をなかなか回してもらえない、といったような問題にも直面したりします。

しかも、アニメのオーディションの多くは、1度だけでなく、数回にわたって審査《しんさ》が行われます。

一次審査は、テープオーディションかボイスサンプルによる選考。続く二次審査ではスタジオでの実技。これを最終審査として配役を決定するというのが一般的《いっぱんてき》なスタイルですが、まれに三次審査まで難航することもあり、人数を絞《しぼ》って、再度スタジオに集められる、というケースもあります。

そうです。オーディションで役をつかむのは、簡単なことではないのです。いくら実力があっても、役のイメージと合わなければ使ってはもらえないわけですし、製作側のさまざまな意図もある。加えてひとつの役を何十人も、場合によっては何百人もで争うのです。「落ちて当然」くらいの気持ちで受けねばなりません。

……なんて言いつつも、新人時代はもちろん、今現在でも、結果ごとに一喜《いっき》一憂《いちゆう》してしまうクセはなかなか直りませんけれど（笑）。

駆《か》け出しの時代は、いつお仕事のチャンスがめぐってくるかわかりません。突然《とつぜん》、その話数だけの端役で呼んでいただけることもあれば、2日後に決まっていたはずの仕事がなにかの事情で流れてしまうこともあります。

では、その間の生活費はどうするのか？　誰《だれ》しも芝居だけに集中してモチベーションを保ちたいところではありますが、なにか別の仕事をしてお金を稼《かせ》がなければ、当然ご飯は食べられません。〝生きるため〟に、新人声優の多くがアルバイトに頼《たよ》らざるを得ないのが現状です。

僕も駆け出しの頃は、そんな生活を送る役者のひとり。ゴルフ用品店、駅のお弁当屋さん、マンガ喫茶《きっさ》、ＰＣ事務など、さまざまなアルバイトを経験してきました。

そして、そんな新人声優の誰もが、アルバイトをする上で苦労すること――。

それは、「いつ本業であるはずの声優の仕事が入ってくるのかまったくわからない」ということです。突然連絡《れんらく》があり、急遽《きゅうきょ》仕事やオーディションのお話が舞いこんできたりするので、アルバイトのシフトを組むのがとても難しいんですね。

なので、ある程度融通《ゆうずう》の利《き》くアルバイト先と、理解のあるバイト仲間や上司の方の存在は必要不可欠。僕の場合、バイト先にも声優の卵であることを伝えた上で、ありがたいことに、皆さん心よく応援《おうえん》してくださっていたので本当に助けられました。心から感謝です。

「汎用性《はんようせい》」VS「個性」

既にお話しした通り、新人当時の僕には、仕事はおろかオーディションの話すらなかなかありませんでした。

とはいえ、同じ新人でもオーディションに呼ばれる機会の多い人もいる。「この差はなんなのだろう？」と、当時はかなり悩《なや》みました。オーディションを受けて落とされるなら納得がいくのですが、そのチャンスをつかむ可能性すらないという状《じょう》況《きょう》に、どこか袋小路《ふくろこうじ》に追いつめられたような心持ちでした。

自分でいくら努力をしたとしても、その成果を試す場所がなかったのです。本当に歯がゆい毎日でした。

今なら少しだけ事情がわかります。

新人声優で端役のチャンスに恵《めぐ》まれやすいのは〝汎用性の高い声〟を持った役者です。僕の考える汎用性の高い声とは〝ある程度、どんな役にも違和感《いわかん》なくハマる声質〟ということ。男性声優でたとえるなら、男子高校生役もできるし、50代のおじさん役も演じられる人の方が現場に呼ばれやすいのではないか、ということです。

確かに製作側の視点で考えてみると、ひと役しかこなせない新人声優を何人も雇《やと》うより、何役もできる役者をひとり雇った方が、間違いなくコストパフォーマンスはいいわけです。

それを踏《ふ》まえた上で自分の声についてあらためて考えてみると、僕の声は確かに〝汎用性の高い声〟とは言えないのかもしれません。しかも当時、僕はまだ二十歳《はたち》そこそこで、今よりもさらに高い声でした。そのため自分の年齢《ねんれい》以下の、中学生や高校生といった少年の役でしか使ってもらえない。客観的に自分の声を聴《き》いて、「確かにおじさん役は厳しいな」ということも認識していました。

「少年役としてしかハマらない」

「声にクセがある」

だとすれば、やはりモブ[*1]としては使いにくいですよね。

汎用性の高い声でいろんな役をこなすか、個性的な声でスポットが当たるチャンスを待ち続けるか――。


今なら積極的に後者でありたいと思いますが、新人当時は、とにかく沢山《たくさん》の現場に参加して経験を積みたかったですし、なにより「本業でお金を稼《かせ》ぎたい」という思いが強かったのです。


ちなみに。

声優を目指しはじめた当時、梶少年が理想としていた「良い声」とは、子どもの頃《ころ》から大好きだった戦隊モノのレッド――つまり「王道主人公の声」です。

アツい正義のヒーローになるのが、どうやら幼い頃からの憧《あこが》れだったようですね（笑）。

自分で記憶《きおく》している限り、僕には明確な声変わりはなかったのですが、どうにかそん

*1　モブ｜mob＝「群衆」などの意味。マンガやアニメでは、「クラスメート1」や「ウェイトレスA」など名前のつかない、その他大勢にあたるキャラクターを指す。

な「理想の声」に近づけようとしながら、現場で無理した作り声を出してみたり、叫《さけ》び倒《たお》したりを繰《く》り返し……。

声帯を壊《こわ》して、治して、また壊してを繰り返して、少しずつ今の声にたどり着いたという印象です。

おそらく僕と同じように、多くの声優さんが、最初から今の声だったというわけではないと思います。皆さん、なにかしらの理想があって、ときに無理をしながらもそこに近づけようと工夫を重ねてこられたはず。

「自分の声じゃ声優なんて無理かも」と思っている人でも、もしかするとプロが聞いたら〝非常に個性的で魅力的《みりょくてき》な声〟と評価される可能性だってあります。さらには人間として、役者としての成長と共に、ある程度自分で変えていくこともできるわけです。

もちろん声優にとって〝声質〟というのは、あくまで武器のひとつにすぎません。

その武器を「芝居」という戦術と合わせて、いかに使いこなすか。それこそが、僕たち役者が本来問われている資質なのです。

余談ではありますが、皆さんは自分の声を録音して聴いたときに「……なんだか変？」と思った経験はありませんか？

実は普段《ふだん》聴いている自分の声というのは、空気を伝わって外部に響く音に加えて頭蓋《ずがい》骨《こつ》などを中心に体の内部に響《ひび》いた、いわゆる骨伝導《こつでんどう》された音も同時に聞いたものなんです。周りの人たちが聴いている声とはまた違う音。不思議ですよね。

僕がはじめて自分の声を意識的に聴いたのは、演劇部の公演を録画したビデオ。普段自覚している自分の声との違いにとても驚《おどろ》きましたが、「まあ、こんなものか」という感じで、特に自分の声の個性について深く考えたりはしませんでした。声優を目指そうと思ったきっかけも「自分の声の個性を生かしたいから」といった理由からではありませんでしたし、「自分の声に自信があったから」というわけでもありませんでしたから。

そういえば。高校演劇をしていた頃、他校の演劇部の先生から「高校生らしからぬ哀《あい》愁《しゅう》がある。暗い声ではないけれど、声に影《かげ》があるのが魅力的だね」とお褒《ほ》めいただいたことがありました。そう考えると、僕の声は当時から、少なからずなにかしらの印象を与《あた》える声だったのかもしれませんね（笑）。

隣《となり》の芝生は青く見えるもの

声優になるまでは、あまり他人をうらやましいと思ったり、強い劣等感を感じたことのなかった僕ですが、仕事がまったくなかった時代には「声」や「表現方法」について、人と比較《ひかく》して落ち込んでしまうことも多々ありました。

声優仲間には、子役や劇団出身の役者さんも沢山います。

あくまで僕の個人的な見解ですが、そんな彼らには、僕のように〝声優になるためのレッスン〟を受けて、声優としてのスキルを中心に意識してきた人間には、いくら出そうと思っても出せない魅力があるように感じるんです。

純粋《じゅんすい》に「芝居」が好きで、演じることそのものを楽しんでいる——。

その上で、しっかりと磨《みが》かれた技術も身に付けているから、なのでしょうか。

そもそものスタート地点が僕らとは違うのです。

〝声優〟である前に〝表現者〟としての意識・経験がベースとしてある演技に、僕はものすごく憧れてしまうんですよね。でもそれは、今からではどうあがいても埋《う》められない溝《みぞ》。

とはいえ、自分にないものをただうらやんだり妬《ねた》んだりしても、状況はなにもプラスに変わりません。

少しでも彼らの魅力の秘密を紐《ひも》解けないかと、声の芝居とはフィールドの違う、映像や舞台での芝居に関しても、ひと一倍研究するように心がけています。彼らの演技をリスペクトしつつ、自分なりの表現方法として、声優の仕事に取り入れられたら。

演じることに対するアプローチは違っても、その人にしか出せない魅力はきっとあると信じて。

演じるって、どういうこと？

〝演じる〟とは、結局どういうことなのか。

実は僕もまだまだ模索《もさく》中で、未だに答えは見つかっていません。

けれど。どこまでいっても結局、常に〝自分〟は頭の中にいるものだと思うのです。舞台役者さんの中には、上演中に役と完全にシンクロする、いわゆる〝憑依《ひょうい》タイプ〟の方もいらっしゃると聞きます。そんな圧倒的な才能を持っていたとしたら、やっぱり格好いいですし、僕もそんなお芝居に憧れます。

でも先ほどもお話しした通り、その演技スタイルが、時間との闘《たたか》いでもあるアフレコ現場で求められるかどうかというのは、また別の話なのです。

僕の場合は、高校演劇時代から一貫《いっかん》して「引き出し型」の演技だと思っています。そのシーンごとに、感情のとっかかりになる部分を自分の中に見つけて、それをどう役として表現すればいいかを探っていく、という作業。こう書くと一見簡単なようですが、目を背けたくなるようなネガティブな感情や、恥《は》ずかしい記憶を掘《ほ》り返さないといけないことも多くあります。

まず、そもそも自分の中にそういった経験や記憶がストックしてある引き出しがなければ、そのとっかかりの材料も手に入りませんよね。

自分の記憶・経験値から、「この部分を膨《ふく》らませて、キャラクターの状況や心情に当てはめてみたらどうだろう？」と試行錯誤《しこうさくご》していくのです。

役者にとって〝経験〟することは、本当に大事なトレーニングだと思います。

一方で、特にアニメにおいては「普通《ふつう》に日常生活を送っていたら、絶対に経験することのないであろう状況」を演じなければならないこともあります。

極端《きょくたん》に言えば、人を殺すシーン。もちろん、そんな経験ありませんよね。

そんなときは、その状況に少しでも結びつく経験・感情を掘り起こします。

たとえば、子どもの頃に喧嘩《けんか》をしたときのことを思い出したり。つい手を上げてしまい、相手が痛がっているのを見て心がザワザワした経験や、殴《なぐ》った自分の拳《こぶし》が意外と痛かった経験など……。

喧嘩だけじゃありません。料理をしているとき、包丁で指を切ってしまえば当然痛いわけです。指先をちょっと切っただけでも、あんなに血が出てズキズキと痛むのに、剣《けん》や斧《おの》で傷を負ったり、拳銃《けんじゅう》で撃《う》たれたらどれほど痛いでしょうか？　想像を絶します。

でもその痛みの記憶こそが、役者にとって大きな財産となってくるのです。そう考えると日常生活は、実は、引き出しの宝庫なんです。

コンプレックス、家庭の問題、友達との関係、失恋《しつれん》、進路、いじめ、漠然《ばくぜん》とした不安。ときには、死にたいと思うことすらあるかもしれません。でも役者は、その「死にたい」と思った感情すら生かせるんです。

色々な経験を積んでいる人って、どこか格好いいし、話を聞いていても面白くないですか？　それは、沢山の経験の積み重ねが色気や深みとなって、その人からにじみ出ているからだと思います。どんなネガティブな経験も、それぞれの人生において無駄《むだ》なことなど、なにひとつないんです。

特に声優……役者という仕事においては。これはもう間違いありません。

そして、人間には想像力があります。自分の経験を糧《かて》に、そこからどれだけ想像の幅《はば》を広げられるか。それこそが声優としてのセンス、そして力量を問われる部分なのではないでしょうか。

芝居のセオリーやテクニックといったものは、あとからいくらでも身に付けることができるはずです。

声優として一番大事なのは〝想像力〟だと僕は思っています。

声優に、年齢的なピークなんてない

「声優になりたいです」という声を耳にする機会が、最近ますます増えてきました。沢山の才能が声優という職業を目指せば、より切磋琢磨《せっさたくま》され、日本の声優界の質自体も今以上に向上していくのではないでしょうか。目指す人口が増えることは非常に喜ばしいことですし、僕も一人のプロとして、あらためて気が引き締《し》まります。

声優という職業に、年齢的なピークはないと僕は思っています。

スポーツ選手には、体力や視力などの衰《おとろ》えにより、自分の意志とは無関係なところで引退を考えざるをえない時期が必ず訪れます。

けれど声優には、たとえ年齢を重ねて身体的な衰えを感じたとしても、そのときにしか出せない味や魅力というものがプラスされていくものだと思うのです。

逆に新人には、新人ならではの良さがあるはずです。ナチュラルで生っぽいニュアンスは、ある程度経験を積んでいくと、いくら頑張《がんば》ってもテクニックでは表現できないこともあります。そんな「青さ」が決め手となって、役をつかむこともあるでしょう。

つまりは声優を目指すのに、遅《おそ》いも早いもないということ。

10代でも、30代でも、50代からはじめてもいい。

一度別の職業を経験したあとに声優の道を志すというのも、全然アリだと思います。むしろ武器になることすらあるはずです。

僕は早くから声優の道を志し、その道一本でやってきた人間です。だからこそ、違う職業を経験してから声優になった人をうらやましく思うこともあります。

たとえば、会社員の役を演じるとき。実際にその経験がある人とない人とでは、役の理解度がまったく違ってくると思うんです。経験のない僕の場合、資料で勉強したり、人から聞いたりしたことから役を想像することしかできませんが、もしも元会社員の役者さんがいたとしたら、そのリアルな経験というのは、なにものにも代えがたい武器になるというわけです。これは大きな違いです。

一方で、「プロの声優として生計を立てていく」ということとは、また別の話です。いくら早くからその道を目指して努力をしてきたとしても、必ずチャンスがつかめるとは限らない世界です。逆に、30歳でチャレンジした人と、20歳からキャリアをスタートさせた人とでは「声優としての経験値」という意味において、当然10年分の差が生まれてきます。そして、その「10年分先輩」な人たちと戦うハードルは、歳を追うごとに上がっていってしまうわけです。

僕自身、目指しはじめてから、実際に声優一本で食べていけるようになるまで何年もかかりました。その厳しさを知っているからこそ、安易に「声優を目指そうよ！」とは言えません。

でも同様に、「厳しいから諦《あきら》めた方がいい」とも、僕は決して思いません。挑戦《ちょうせん》するだけの価値があるからこそ、今、僕はここにいるのですから。

覚悟《かくご》がある方には是非《ぜひ》トライしていただき、いつか現場でお会いできたとしたら、それほどうれしいことはありません。

第4章

プロフェッショナルとは

自分だけの指標を持つ

声優として、「なんとか食べていけるかもしれない」とようやく感じることができたのは、24〜25歳《さい》の頃《ころ》でした。養成所に入った16歳から数えると、足掛《あしか》け9年目。この間はアルバイトを掛け持ちしていないと、とても生活はできませんでした。

9年。

長いように感じますか？　短いように感じますか？

この年月は、僕《ぼく》たちの業界では特に長くもなければ短くもない……といった程度の下積み期間だと思います。10年、20年と苦労されている方も沢山《たくさん》いらっしゃいますし、逆にデビューと同時に人気声優として活躍《かつやく》される方も、ごくわずかながらいらっしゃいます。

声優という仕事には「これが正解」という明確な指標はありません。加えて、なにがきっかけで、いつ道が開けるかもわからない。

不遇《ふぐう》の時代を経て、ようやく声優一本で食べていけるようになったとしても、「これでひと安心」「一生安定した暮らしができる！」

そんなことはありません。その先、なにが起こるのかは誰《だれ》にもわからないんです。

30分のテレビアニメ1本に、同じキャリアのAさんとBさんが出演したとします。主役のAさんは30分喋《しゃべ》りっぱなしだけれど、端役《はやく》のBさんはたったの一言、「こんにちは」だけ。

でも、ふたりが同じ〝ランク（協同組合日本俳優連合の定める、その俳優ごとのギャランティの指標）〟の声優であれば、基本的にはセリフの量にかかわらず、同じ1本分の出演料が支払《しはら》われるわけです。

つまり、声優業において「人気＝ある程度の収入がある」とは言い切れないのです。

逆に言えば、よくアニメ誌で見かけるような声優全員が、必ずしも本業だけで稼《かせ》げているかというと、そうとは限らないわけです。現に、僕も主演アニメが放送されているときでも、変わらず並行してアルバイトをしていた時期もありました。

それから、僕が個人的に感じていることですが、〝声の旬《しゅん》〟という難しさもあると思います。これは役者としての魅力のピークという意味ではなく、「この声面白いね」「今の時代にハマるな」と世間に思ってもらえる時期のこと。そういった旬は、おそらく永遠には続かないものだと思っています。さらに言えば、どんなに面白い演技を提示したとしても、また声に魅力《みりょく》があったとしても、製作側の都合や諸事情で採用されないことも多々あるのです。


どの世界もそうかもしれませんが、声優業界も例に漏《も》れず、色々な意味で不安定であり、先行き不透明《ふとうめい》な場所なんです。

だからこそ、「仕事とどう向き合うか」「どういう仕事をしていくべきか」という確かな指標を〝自分の中〟でしっかり持っておくことが大事なのではないかなと思います。これは声優に限らず、どんな職業を志したとしても同じではないでしょうか。

ここからは、そんな僕の「プロとしての在り方」について、考えを述べさせていただければと思います。

なんのために演じるのか？

かつて、なかなか道が開けず迷走していた頃の僕は、何度も何度も、「もう声優を辞めた方がいいのかな」と弱気な気持ちが湧《わ》いては、活躍されている先輩方《せんぱいがた》の姿を見て、「もう少しだけ頑張《がんば》ってみよう」と決意を新たにする、その繰《く》り返しでした。

今でも、すべてが順調なのかというと当然そんなはずもなく、試行錯誤《しこうさくご》の日々は相変わらずです。

思ったような芝居《しばい》ができず、不甲斐《ふがい》ない自分にがっかりすることもよくありますし、現場でのコミュニケーションがうまくいかずに落ち込《こ》むこともしばしば。オーディションに落ちるのなんて日常茶飯事ですしね（笑）。

でも今は、たとえうまくいかないことがあったとしても、辞めたいなんて思うことはありません。

辞めようなんて思えない。

だって、そんな不甲斐ない僕でも、「この役はあなたにやってほしい」と頼《たよ》りにしてくださる方々がいるんですから。


演じさせていただける役がある。

声優・梶裕貴を求めてくださる方がいる。


チャレンジし、その結果選んでくださった方がいらっしゃる以上、僕にはそれを全うする責任があります。もちろん、プライドも。

よく「忙《いそが》しそうで大変ですね」と声をかけていただくことがありますが、大変だなんてとんでもありません。忙しいのはむしろ大歓迎《だいかんげい》。ありがたい気持ちしかありません。

なにしろ以前の僕には、どんなに望んだとしても、そのチャンスすらなかったわけですから。仕事があるだけで本当にありがたい。僕にとって一番怖《こわ》いのは、仕事がなくなることです。そしてそれは、「梶裕貴に演じてほしい」と思われなくなった瞬間《しゅんかん》だとも思っています。

そのときが来たら――僕は声優を辞めるだろうなと思います。世の中の誰からも僕の声と芝居が必要とされなくなったときに、それでも声優をやらせてくれとは、僕は思わないし、思えない。

自分がかかわった作品は、極力多くの方にご覧いただきたい。そして、その作品が最終回を迎えたときに、僕を選んでくださった人たちが「梶を選んでよかった」、そして観てくださった人たちが「面白かった」と思ってくれたとしたら。

声優として、それ以上の喜びはないと思います。

野球やサッカーには、打率や得点数といった「数字」による具体的な評価がありますが、先ほどお話ししたように、声優にはそういった明確な基準がありません。年間出演本数というデータもありますが、そのカウントには、僕はあまり意味がないように感じられます。こちらも前述の通り、たったひと言のセリフでも出演本数には数えられてしまうわけですから。

もちろん、沢山の作品に出演することも立派なことだと思いますし、視聴率《しちょうりつ》が悪かったり、パッケージが売れなかったりすると次の作品につながらないわけで、そんな「数字」も大切だとは思います。けれど、それ以上に僕が声優を続けていく理由は「求められることに応えたい」という気持ちからなんです。

役者として必要とされ、その注文に100％以上の芝居で応える。

僕にとっての声優としての醍醐味《だいごみ》とは、そしてプロとしての醍醐味とは、このシンプルなやりとりに尽《つ》きるのではないかなと思っています。

常にベストな環境《かんきょう》で演じるために

声優業を何年続けていても、いつまで経っても慣れないことがあります。

そのひとつが、イベント等で多人数の前に最初に登壇《とうだん》するとき。

どうしてもこう考えてしまうんです。

「ここに集まっているお客さんは、もしかしたら、みんな僕のことが嫌《きら》いかもしれない」と。

文字にしてみると、我ながらだいぶ偏《かたよ》った発想だなと思いますが、本当にそうなんです（笑）。

子どもの頃から変わらず、今なお人見知りな僕にとって、行く先々の仕事現場で、自分から積極的にコミュニケーションをとって打ち解けていくのは、本来あまり得意なことではありません。

でも仕事柄《がら》、とてもそんなことは言っていられませんよね。声優の現場では、作品ごとにメンバーが変わるのは当たり前。その場に馴染《なじ》めず空気をぎこちなくしてしまったら、現場がうまく立ち行かない。その結果、作品にも影響《えいきょう》が出てしまうかもしれません。

そんなこともあって、僕はどの現場でも「その空間が一番円満円滑《えんかつ》に進行する立ち位置」を早目に見つけることにしています。そして、あとはその役割に徹《てつ》する。常にその場を俯瞰《ふかん》して、コミュニケーションの取り方を考えながら動く。

すると、自分がどう振《ふ》る舞《ま》うべきなのかが、自ずとわかってくるんです。

ムードメーカー的な人がいれば、僕は基本喋らず聞き手に回り、間が空いたとき、

「ここに会話があった方が盛り上がるだろうな」と察すれば話します。そこにボケが必要だなと思えばボケに回るし、ツッコミが必要だなと思ったらツッコミに回る。それによって、その話がさらに面白くなり、現場全体がひとつになれるとしたら、それに越したことはありません。

今でこそ、どの現場にも仲の良い役者さんが複数いるようになったので、僕も昔ほどナーバスになることはないですし、だいぶリラックスして仕事ができるようになりました。

ですが、新人の役者さんはどうでしょうか。

きっと、かつての僕のようにどう振る舞ったらいいか、先輩である僕たちにどう接したらいいかわからず緊張《きんちょう》して、演技に集中できていないかもしれない。そんな風に、場や雰囲気《ふんいき》に馴染めず嫌《いや》な思いをしている人がいないか、自分たちだけで和気あいあいと盛り上がってはいないかを、僕はなるべく気にするよう心がけています。

もし孤立《こりつ》している人がいたら話を振って、その人の良さを引き出せるように僕も一緒に考える。それが望まれていない場合は、もちろん、また別の方法を選びますけどね。「座長」という立場で現場にかかわることが多くなるにつれ、自分のことだけでなく、そういった周りのことについても意識する機会が増えました。

それは、これまで参加してきた数々の現場での経験があったからであり、頼《たの》もしい先輩方の背中を沢山見てきたからこそ。『Over Drive』の頃から考えると「座長」としての在り方というものが、今になってやっと少しずつわかってきたように感じています。

本来、僕はそういうタイプの人間ではないと思いますし、正直向いていないとも思っています。

でもそれもすべて、自分が１００％演技に集中し、良い作品を作るためのベストな環境作りに必要なこと。だとしたら、プロとしてやるしかありません。

この本を読んでくださっている人の中にも「自分は内向的で恥《は》ずかしがり屋だからな……」と悩んでいる人がいるかもしれません。恥ずかしいという感情は誰にでもあるものですし、実は多くの人がそうなのではないかとすら思います。

けれど。声優に限らず、社会に出て仕事をする上で、そういった自分を乗り越《こ》えていかなければならない瞬間は確実にやってきます。

そんなときは、ちょっと深呼吸して、今置かれている状況《じょうきょう》を俯瞰して見てみてください。その場がきちんと把握《はあく》できれば、やらなければいけないことが自然とわかってくるはずですから。

自分自身をプロデュースする

トークショーなどにお招きいただいたときなど、お越《こ》しくださったお客様と直接お話しをする機会があります。そういったイベントでは、こちらから質問をさせていただくこともあるんですね。

すると、ありがたいことに積極的に手を挙げて発言してくださる方もいらっしゃいます。そんな様子を見て、僕は舞台上《ぶたいじょう》にいながらも、いつも「すごいなあ」と感心してしまうんです。

ご存知の通り、僕は人前で目立つのが苦手なタイプ。そんなこともあって、イベントでお客様に質問するときは、「もし差し支えなかったら」とか「恥ずかしかったら手を挙げなくてもいいですよ」と、どうしても前置きをしてしまうんです。僕だったら、なかなか反応できないだろうなと思ってしまうので……（笑）。

そんな恥ずかしがり屋な僕が、ラジオやバラエティ番組、イベント等に多く出演させていただいている理由。それは、「声優という仕事を、より多くの方々に理解してほしいから」にほかなりません。

「アニメ・吹《ふ》き替《か》えって面白いんだな」「声優ってすごい仕事なんだな」ということを、もっともっと多くの皆《みな》さんに知ってほしいのです。

表舞台に出ることなく、本来の声優業だけに専念して、それらの真の魅力が伝わればベストなのですが……なかなか難しいのが現実です。

色々なメディアに積極的に顔を出していくことで、少しでも多くの方にアニメや吹き替えをご覧いただける可能性があるなら。その面白さが伝わるなら。そんな想いを持って活動しています。

僕は、声優養成所でレッスンを受けてプロになった、いわゆる〝声優らしい声優〟。だからこそ業界に対して、なにか恩返しがしたいという気持ちがあるのです。

最近ではありがたいことに、今回のように本を出版させていただくなど、新たなジャンルでのお仕事の機会も増えてきました。もともと「なにかを作る」ということは好きなので、お芝居以外のそういった表現もとても楽しいです。グラビアの場合は〝モデル〟として、多くの人に見られることになるので、未だにどこか照れくさい気持ちもありますが……、やらせていただくからには、その作品の被写体《ひしゃたい》として、できる限りの表現をするのが仕事。いざ撮影《さつえい》にとなれば気持ちを切り替えて、やれることを精いっぱいやるのみです。

あらゆるフィールドに挑戦することで、少しでも『声優』という仕事をアピールできたなら――。

そのためには、いつまでも受け身でいてはいけないと思っています。自分の見せ方を客観的に把握して選択し、自分発信で仕掛けていくことも必要なんです。

皆さんは「セルフプロデュース」という言葉をご存知でしょうか。

自分という存在をアピールする際に、まずは一度、自分自身がどう見えているかを客観視し、その結果に応じて、行動や立ち居振る舞いを自己演出する、というテクニックです。

なにか伝えたいことがあるならば、積極的にそういった戦略もとっていかなければいけません。

これは、学生の皆さんにとっても非常に役立つ技術だと思います。自分の見せ方を自分自身で演出できる力は、社会に出てからも必要になってくるはずですから。

人との出会いが自分を導いてくれる

僕が常日頃、仕事に限らず、生きていく上で大切だと感じていること。

それは〝運と縁《えん》〟で結ばれる、人との出会いです。

その点において、僕は今まで、これ以上ないくらい恵《めぐ》まれてきたなと感じています。

どんなときでも僕を励《はげ》まし、味方でいてくれた家族。ベストなコンディションでパフォーマンスを生み出せるように、最善の努力をしてくれるマネージャー。新人の頃、なかなかチャンスにめぐりあえず不安でいっぱいだった僕を、常に気に掛けてくださっていた先輩。そして、互《たが》いに切磋《せっさ》琢磨《たくま》しあえる仲間たち。

沢山の人たちに支えられてきたからこそ、僕は今なお、この道を歩き続けることができているのです。

そんな大切な〝ご縁〟のひとつに、僕にとっての恩師・三間雅文《みままさふみ》＊1音響《おんきょう》監督との出会いがあります。

音響監督という仕事について、少し補足が必要かもしれませんね。

アニメ制作において、先頭に立って作品世界を作り上げていくのは、言うまでもなく監督です。その監督が作りたい世界観を理解し、声や音楽、効果音など、あらゆる音作りの作業で指揮をとるのが音響監督。アフレコでは、その音響監督が現場の取りまとめを行い、監督の要望を汲《く》んで、声優に具体的な指示を出しながら収録が行われます。

＊1　三間雅文｜音響監督。1962年生まれ。代表作は『ポケットモンスター』シリーズ、『イナズマイレブン』、『進撃の巨人』シリーズ、『僕のヒーローアカデミア』シリーズなど。

つまりは、監督と役者との間に立ち、「役者から一番いい演技を引き出すための橋渡《はしわた》しをする」という仕事。

そのため必然的に、アフレコ現場では僕たち役者と一番近い距離《きょり》にいるスタッフさん、ということになります。

声優の演技に対しての演出方法は音響監督によって異なります。

そんな中で三間さんは、僕に単なるセリフの言い方ではなく、芝居の楽しさ、向き合い方、役に対する考え方や捉《とら》え方といった、「声の役者として必要な根本的な要素」を一から叩《たた》き込んでくださった方。

業界の中では、三間さんに対して「怖い」とか「厳しい」といったイメージを持っている方も多く、僕にとって初の三間さん現場であった『イナズマイレブン』*2の仕事が決まったときは、相当な覚悟《かくご》を持って現場に臨んだのを覚えています。

ですが……実際にお会いしてみるとイメージしていたような、いわゆる「怖い」や「厳しい」とは、少し違っていました。

＊2　**『イナズマイレブン』**｜2008年から発売されているゲームソフトシリーズ。同年よりテレビ東京系列などでアニメシリーズも放送される。「超次元サッカー」をテーマに、ほかのサッカーアニメにはない型破りな展開が人気を集めている。

そこにいたのはまさしくプロ。役者が本当の意味で演出を理解するまで時間を惜《お》しまず、とことん向きあってくださる、音響監督のプロフェッショナルでした。頭ごなしに「違う！　こうやれ！」といった演出方法とは真逆で、ダメ出しをされていたはずが、気付けば不思議と「今度はどういうアプローチをしてみようかな？」と、どこかワクワクしながら考えている自分がいる。役者としてのチャレンジ精神に思わず火をつけられてしまうんです。

「こう言われたら、自分だったらどうする？　どういう感情が昂《たか》ぶってくると思う？」

「その気持ちを想像すると、身体のどこに力が入る？」

そんな風に、ひとつひとつ丁寧《ていねい》にこちらに投げかけてきてくださる。

三間さんは絶対に答えを言いません。答えを導き出す手がかりとなるよう、色々な形で手助けをしてくださるんです。

なのでこちらも、三間さんの言葉をヒントに自分自身で答えを探し出そうと一生懸命《いっしょうけんめい》考えます。そういった作業を積み重ねていくことで、キャラクターの心情を頭だけではなく、きちんと心で理解できるんです。

ただ「こうしろ」という指示だった場合、そのシーンのそのセリフはクリアできるかもしれません。ですが、根本を理解できていないと、同じ課題にぶつかったときに、また失敗を繰り返してしまいます。

たとえ時間がかかったとしても、自分で気付いて、自分の中からその表現が出てこなければ意味がないのです。

プロがプロを雇《やと》っている以上、妥協《だきょう》しないという姿勢。

それを厳しいと感じる方もいらっしゃるのかもしれませんが、僕も仕事とはそうあるべきだと思っています。そう考えると、どうやら僕の中にも「三間イズム」はしっかりと継承《けいしょう》されているみたいですね（笑）。

余談ですが――。

三間さんの現場に少しずつ呼んでいただけるようになった、とあるタイミングの飲み会でのこと。

「最初、お前のこと嫌いだったよ」

そう言われたことがありました。三間さんからすると、どうも当初の僕の印象はあまり良くなかったようです（笑）。

けれど、どこかの時点で「梶は叩《たた》けば伸《の》びる」と判断してくださったからこそ、それ以降、多くの作品で必要としてくださったはず。なにはともあれ、まだ新人だった当時、早い段階で三間さんのような素晴らしい音響監督さんと出会えたことは、自分にとって本当にありがたいご縁でした。感謝。

ライバルの存在

皆さんには「この人にだけは負けたくない！」と思えるような相手はいますか？

僕にとってかけがえのない友人でありライバル、つまり〝戦友〟とでもいうべき声優仲間といえば、いつも真っ先に代《よ》永翼《ながつばさ》くんの名前が思い浮かびます。

そう。かつて駆《か》け出し時代の僕が一対一で役を争い、見事に負けたあの相手です。

彼とはその後、色々な現場で顔を合わせるうちに親しくなり、年が近いのもあってか、10年にわたって一緒にパーソナリティを務めたラジオ番組があったほど仲良くさせてもらっている友人のひとりです。

以前は声質の印象・ジャンルも近かったためか、オーディションでぶつかることもしばしば。選考でいいところまで進んだとしても、蓋《ふた》を開けてみれば、合格したのは代永くんの方だった……なんてこともよくありました。近しい間柄《あいだがら》なだけに、これがなかなかキツい（笑）。

まだ新人の頃のこと。

ふたりで食事をしていると、彼に電話がかかってきました。聞き耳を立てるわけではありませんが、「〇〇役ですね！　ありがとうございます。がんばります！」なんて言っています。役が決まった連絡に違いありません。

「……それ、俺も受けてたんだよなあ」と、軽く落ち込みつつも平静を装います。やっぱり悔《くや》しいですからね。

「合格者への連絡《れんらく》が今あったってことは、自分のところには、明日落ちたっていう連絡がくるんだろうな……」

不合格とわかっていて聞く結果発表ほど、ツラいものはありません（笑）。

2008年に、代永くんが「第2回声優アワード[*3]新人男優賞」を受賞したと報告してくれたときには「おめでとう！」と素直にお祝いする気持ちの反面、「これでもう僕は完全に置いていかれた……」と絶望的な気持ちになったりもしました。

負けると悔しいですし、うらやむ気持ちも少なからずありました。

けれど、彼の仕事に対する真摯《しんし》な姿勢や声優としての才能を目《ま》の当たりにすると、ライバルではあれど、純粋《じゅんすい》に「彼のこの能力は本当にすごい。自分にはできないな」と思えてしまう。

だからこそ、どうしようもなく差をつけられてしまったように感じて焦《あせ》った時期もありましたが、それでも相手に対して、リスペクトする気持ちを忘れたことはありませんでした。

悔しい気持ちも、いつの間にか「ちくしょう！　絶対にアイツには負けないぞ！」と

＊3　**声優アワード**｜毎年3月に、その年度の最も印象に残る声優に授与される。主演男優・女優賞、助演男優・女優賞のほか、新人男優・女優賞、歌唱賞などがある。2006年、外国映画放送開始50周年を記念して立ち上げられた。

エネルギーに変えられるのは、僕の長所なのかもしれません。

同じプロとして尊敬でき、一緒にいることで切磋琢磨していける相手。そんな〝ライバル〟の存在は、願ったとしてもなかなか得難《えがた》いものです。しかも一度は「コイツさえいなければ！」とまで思った相手（笑）。そんな彼と、今では素敵な関係を築けているんだから、人生って本当にわからないものです。

「お前は大丈夫《だいじょうぶ》」と言い続けてくれた先輩のように

ライバルと同じくらい感謝してもしきれない存在が、頼れる先輩方です。

特に新人の頃は、先輩のお言葉に何度救われたことか……。

かつて、仕事に対する漠然とした不安を相談した際に、「お前は大丈夫だよ」と言い続けてくださったのが、森久保祥太郎《もりくぼしょうたろう》＊4さんと櫻井孝宏《さくらいたかひろ》＊5さんでした。

おふたりには、プライベートでもよく食事に連れていっていただいたり、使わなくな

＊4　**森久保祥太郎**｜男性声優。1974年生まれ。1996年『爆走兄弟レッツ＆ゴー!!』で声優デビュー。代表作は『魔術士オーフェン』オーフェン役、『MAJOR』茂野吾郎役、『NARUTO』奈良シカマル役、『弱虫ペダル』巻島裕介役など。

＊5　**櫻井孝宏**｜男性声優。1974年生まれ。1996年『爆走兄弟レッツ＆ゴー!!』で声優デビュー。代表作は『コードギアスシリーズ』枢木スザク役、『ダイヤのA』御幸一也役、『おそ松さん』松野おそ松役など。

った衣装を譲《ゆず》っていただいたりと、公私共に大変お世話になりました。

そんな、心から信頼《しんらい》している先輩おふたりからの「お前は大丈夫だよ」という言葉には、文章では表現できないほど励まされました。


今では僕も30代になり、現場で座長的な役割を務めることも多くなってきました。

今度は僕が、かつて森久保さんや櫻井さんをはじめとする多くの先輩方にそうしていただいたように、後輩に対して力になってあげるべき立場だなと感じています。

雑誌のインタビューなどで「目標の声優」として名前を挙げてもらうことなどがあると、うれしい反面、「自分なんてまだまだなのに……」と、どこか不安やプレッシャーに感じてしまう自分もいます。

昔から、「先輩」として振る舞うのが得意ではないんですよね。

でも今はそれでも、後輩に対して、自分なりのアドバイスの仕方を模索《もさく》していかなければ、と感じています。それこそが、これまで良くしていただいた先輩方への、なによりの恩返しになるはずだと思っていますから。

視野を広く保つために

仕事をするのは大好きなのですが、自宅とスタジオの往復の日々がしばらく続くと、ときどき自分の視野が狭《せま》くなっているなと感じることがあります。

心が動きにくくなっていると、演技も精彩《せいさい》を欠いてしまう。なるべくそうならないように、意識的に気持ちを切り替《か》える時間を作ることも心がけています。それも、仕事を続けていく上で大事なこと。

とはいえ、僕は休みの日でも、気付けばつい仕事のことを考えてしまうタイプ。〝体や喉《のど》のオフ〟はあっても〝気持ちのオフ〟があまりない状態なんですね。なのでそんなとき、最近は思い切って旅行に行くようにしています。

時間が許すかぎり、国内・海外問わず、どこへでも。

初めての海外旅行はグアムでした。以来、海外の解放感が気持ちよくて、チャンスを見つけては積極的に旅に出ています。

イタリア、フランス、イギリス、ドイツ、フィンランド、オーストラリア、メキシコ、アメリカ、UAE、インドネシア、カンボジア、シンガポール、中国、台湾《たいわん》……。

仕事での訪問もいくつかありますが、こうして書き連ねてみると、自分でも思っていた以上にあちこち旅してきたんだなと感じます。

海外に行くと、日本ではなかなか味わえないハプニングに遭遇《そうぐう》することもしばしば。レストランで思ってもみなかったような料理が出てきたり、乗るはずだった飛行機がダイヤの調整で飛ばなくなってしまったり……。

特に、英語圏《けん》ではないエリアだと、言葉がまったく通じず、「Help me!」的な状況になることも多々あります。

そんな状況にいちいち驚《おどろ》いたり、笑ったり、または感動したり。日本での日常の何倍も感情が揺《ゆ》れ動く。

どんなに恥ずかしい経験をしたとしても、そこでは誰も僕のことなんて知らないわけです。だから、なにが起ころうとも問題ありません！

流暢《りゅうちょう》に英語が話せるわけではないですし、言葉が通じないことの方がもちろん多いのですが、「どうせ上手く話せるわけないんだし、いっそ変なことを言って笑われてもいいや！」と、大らかな気分になれる。

普段《ふだん》、あれほど恥ずかしがり屋で人目を気にしてしまう僕が、です（笑）。

海外に行くと、不思議と、日本にいるときより行動的になっているような気さえします。

学生の皆さんにとっては、いきなりの海外旅行はハードルが高いかもしれません。

けれど、家や学校、その近所だけではなく、たまには思い切って普段とは違う世界に触《ふ》れてみてください。視野を広げるって、とても素敵なことですよ。

ドキドキするような体験、意外と悪くないものです。

COLUMN

VOICE ACTOR JOBS

声優の仕事をのぞいてみよう！

ONE DAY SCHEDULE

声優の１日のサンプルスケジュール
（梶裕貴さんの場合）

「実際はテレビアニメのアフレコが数本続いたりイベントが入ったりと、日々スケジュールは大きく異なります」

7時	起床
9時	家を出る
10時	テレビアニメ作品のアフレコ
14時	雑誌取材
16時	海外ドラマの吹き替え
20時	オーディション
22時	生放送
24時	帰宅
25時	翌日以降の台本等のチェック
26時	就寝

声優のメインのお仕事といえば、
やはりアフレコ現場。
どんな場所で、
どんな作業をしているの？
梶さんをモデルに紹介します！

撮影協力／HALF H・P STUDIO
モニターイメージ画像／TVアニメ『進撃の巨人 Season2』
（Blu-ray/DVD発売中
発売元・販売元：ポニーキャニオン）より

VOICE ACTOR JOBS

アフレコスタジオって？

大きくアフレコブース、
ミキサールームに分かれているのが
スタンダードな作りです。

アフレコブース

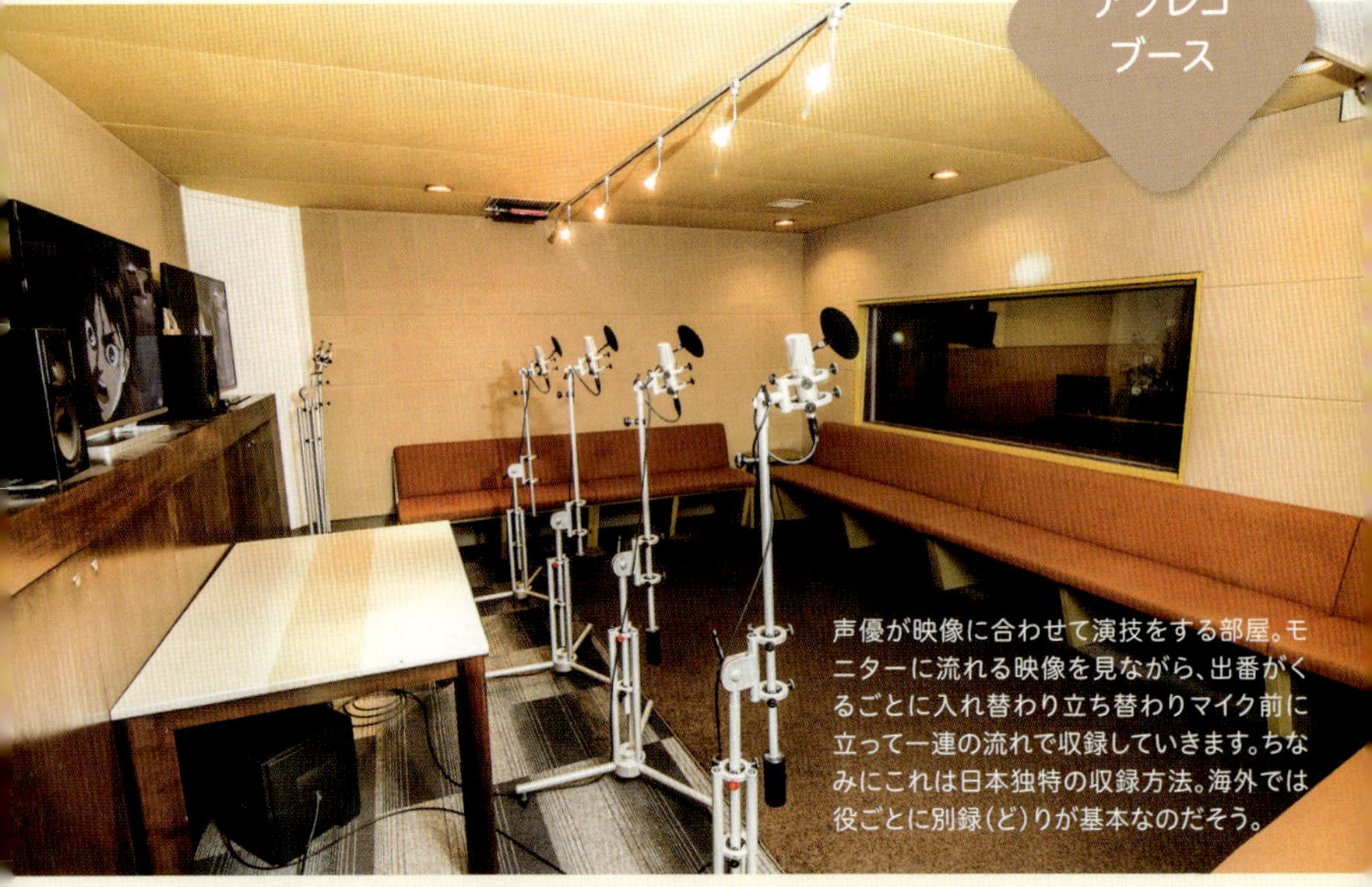

声優が映像に合わせて演技をする部屋。モニターに流れる映像を見ながら、出番がくるごとに入れ替わり立ち替わりマイク前に立って一連の流れで収録していきます。ちなみにこれは日本独特の収録方法。海外では役ごとに別録（どり）が基本なのだそう。

モニター

アニメ制作は常に時間が足りないため、アフレコ時に映像が完成していることはほぼないのだとか……。そのため、上に走るタイムコードも演技の際の大事な指標になります（画像のタイムコードはイメージです）。

マイク

手前にある円形の網は、「風防（ふうぼう）」または「ポップガード」と呼ばれるもの。マイクに直接息がかかると音がノイズとなって入ってしまうため、それを防ぐために付けられています。

テレビアニメの収録ではマイクは4本程度が並ぶのが一般的です。

＼ スタッフ席 ／

監督、演出などのスタッフは奥に、クライアントなどは手前に着席し、演技をチェック。

ミキサールーム

声優がアフレコブースで声を吹き込んでいる間、指示を出したり、調整を行うスタッフらが詰める部屋。演技中は、大勢に背後から見られることになります。

＼ オペレーター席 ／

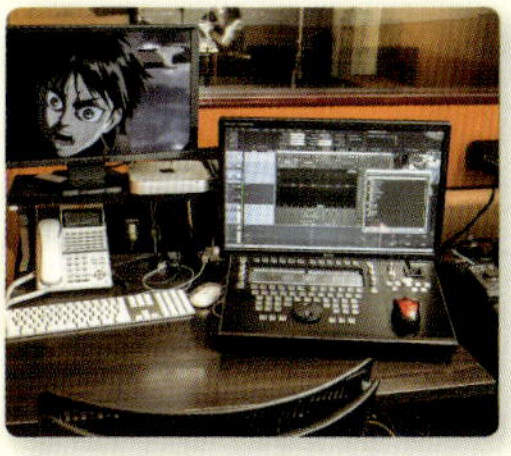

指定されたシーンの映像を即モニターに出すために、専任のオペレーターが付きます。

＼ ミキサー台 ／

声の大小などの調整は、なんと録音中にリアルタイムで行うのだそう。アフレコブース内の 4 本のマイクがそれぞれ 1 ～ 4 のスイッチと連動しています。

＼ 音響監督席 ／

アフレコ中、声優に指示を伝達するのは、基本的には音響監督の仕事。監督、演出らの意向を汲んで、トークバックでブースに指示を出します。

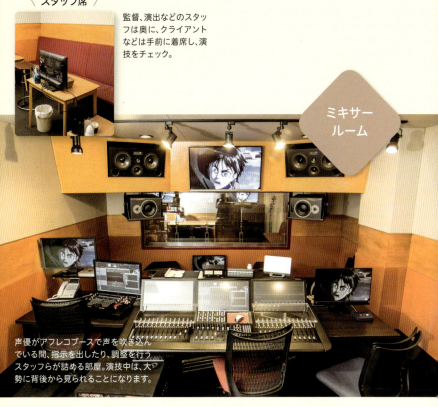

VOICE ACTOR JOBS

声優のお仕事道具って？

梶さんのお仕事道具を本人コメントとともに紹介。
コンディション調整などにも
気を遣っているんですね。

＼ マスク ／

特に気を遣うのは体調管理。「マスクは必需品です。真夏以外は、移動中はもちろん、室内でもなるべく着用するようにしています。持ち歩きはできませんが、自宅や事務所では加湿器も欠かせません」

＼ 3色ボールペン ／

収録中のメモ用に筆記用具を携帯。「僕が愛用しているのは3色ボールペン。ブレス位置のチェックは黒、自分のセリフへのマークやアドリブは赤、別録りが青、などの使い分けに便利です」

＼ アフレコ台本 ／

台本は、収録のおよそ1週間ほど前に声優の手元に届きます。「収録前に映像とともに確認し、ブレスの位置などをチェック。現場に入る前に、自分のなかで演技の方針を固めておきます」

＼ ポケットティッシュ ／

ポケットティッシュは、「やわらかさと、かわいらしさでこれを愛用しています（笑）」。

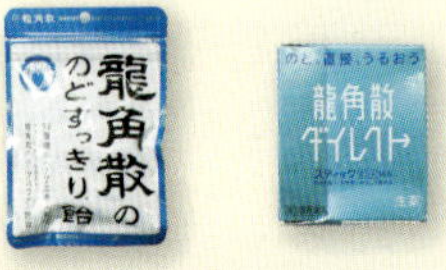

＼ のどケアアイテム ／

同じく、のどのケアの心強い味方。「ちょっと乾燥するな、と感じたときに。イベント前や寝る前なども使っています」

特別なものは特にありませんが……（笑）。この8点は、いつもバッグに入れています。

＼ スケジュール帳 ／

手帳は手書き派だという梶さん。「見開きで1ヵ月まるごと確認できるタイプのものを使っています。マネージャーと打ち合わせながら都度書き込んでいきますが、まだ未決定のものを記入する場合も。今はだいたい1年後くらいまでのスケジュールが記入されていますね」

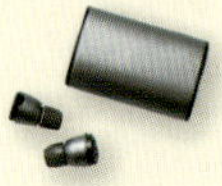

＼ イヤホン ／

Bluetoothのワイヤレスイヤホンは、主に移動中のお供。「自分が歌うキャラクターソングのメロディなどを確認したり……あとは、移動中に映画を観たりするときにも」

VOICE ACTOR JOBS

アフレコ中の様子は？

アフレコ時、声優はブース内で
どんなことをしているのでしょうか？
梶さんが一連の流れを
少しだけ再現します！

今回は僕ひとりで寂しく見えますが……（笑）、もちろん、実際はまわりに大勢の声優・スタッフがいます。想像しながら見てくださいね！

＼ 出番まで後方で待機 ／

「収録開始の10～20分ほど前までに現場入り。ブースの奥には待機用の席があるので、自分の番がくるまで、台本を確認しながら静かに待ちます」

＼ スタッフの指示はミキサールームから ／

「演技について、音響監督からトークバックで指示が入ります」

＼ 指示や所感をメモ ／

「アドリブが必要になることもあります。また部分的に別録りになったりと、その場で決まることも多いです」

＼ 空き時間には
コミュニケーション ／

「アフレコスタジオには楽屋のようなものはないため、共用の待機スペースで空き時間を過ごすことも。共演者やスタッフさんとコミュニケーションをはかる大事な時間でもあります」

＼ テストを経て本番 ／

「テストを行うなかで事前に自分で準備してきた演技の方向性と、スタッフさんの意向をすり合わせていきます。その後、ついに本番です」

＼ 収録時間はおよそ 3 時間 ／

「30 分のテレビアニメの場合、3 時間程度の収録で終わるのが一般的です」

ここで紹介したのは、30 分のアニメの場合。ゲームやナレーションの場合は小さなブースでひとりきりで収録するため、雰囲気も全然違いますよ!

ここは、ネガティブな感情も経験も、
全部が武器に変わる場所。

この場所に、
いつか一緒に
立てる日を夢見て。

第5章

選ばれ続けるために

WORLDLY WISDOM
FOR 14 YEARS OLD

夢の先にあるもの

2012年度・13年度と、「声優アワード主演男優賞」という大変光栄な賞をいただきました。

そのとき、「数年前まで、声優業だけではご飯を食べられるかどうかもわからない状《じょう》況《きょう》だったにもかかわらず、そんな自分がこんな素敵な賞をいただくことができて……」といった内容のスピーチをしました。

それもそのはず、あのときもまだ自分の中では、仕事が軌道《きどう》に乗ったという実感があまりなかったのです。

そんな僕《ぼく》も気付けば30代。若手とはなかなか呼んでいただけないキャリアになってきました。

20代半ばに声優一本で食べていけるようになってから今日まで、ただひたすらにガムシャラな日々。応援《おうえん》してくださる皆《みな》様のおかげもあって、人にも作品にも恵《めぐ》まれた、幸せな声優人生を送ることができているなと感じています。

今の僕はもしかしたら、少年時代に思い描《えが》いていたような〝声優としてのスタートライン〟に、ようやくたどり着くことができたと言えるのかもしれません。

そんな中で、自分自身のさまざまな変化も感じます。以前に比べ、自分をより客観的に見られるようになり、今後目指すべき新たな目標もなんとなく見えてきました。

その一方で、もう若手ではない自分の立ち位置も意識しています。同じ役を争う相手に、後輩《こうはい》声優が並ぶことも増えてきました。

そうです。

繰《く》り返しになりますが、声優の道に〝安泰《あんたい》〟の2文字はないんです。

最後の章では、そんな今の僕が「夢の先にあるもの」についてお話しすることで、これからなに者かになろうとしている皆さんへの、最後のメッセージとさせていただければと思います。

若手の台頭にどう立ち向かう？

自分自身が経験を積んで次のステップへ移るのと同時に、当然ですが、業界には次々と新しい声優が誕生しています。スポーツの世界も同じですよね。毎年、期待のルーキーが沢山《たくさん》入ってきます。

けれど、生き残っていけるのはわずかな数――。

僕たち中堅《ちゅうけん》は、先輩《せんぱい》方の背中を必死に追いかけ、新人には追いかけられる。

そんな僕ら「中堅」が戦っていくためには、どうすればいいのか？

かつての僕のように、ハングリー精神全開でオーディションに臨む若手声優が周りには沢山います。今ではほほえましく、また頼もしく感じられたりもしますが、まだ20代だった頃《ころ》は、そんな状況に焦《あせ》りを感じることもありました。

この業界には今、アニメや吹《ふ》き替《か》え、ゲームといったおなじみのコンテンツに限らず、声優が活躍《かつやく》できるフィールドが急激に増えています。

スマートフォンアプリ、シチュエーションCD、アイドルユニットとしての活動、SNSにはボイス付きスタンプなんてものもあります。

これだけ仕事の幅《はば》が広がると、当然そのチャンスを手にできる可能性も増えてくる。ただその分、僕が新人だった当時よりも、声優を目指す人口は圧倒的《あっとうてき》に増えているとも感じています。

業界に入ってくる人数は増えたのに、声優として食べていける、いわゆる〝プロの声優〟として生き残れる枠《わく》は、相変わらず限られているという状況。

そうなったときに大事になってくるのが、「自分はなにを必要とされて、今ここにいるのか」を見極めることだと僕は思っています。

その答えを探すのが、30代になった今の僕のテーマでもありますね。次のステージに進むためにも、保守的にならずに、どんどん自分自身を切り替《か》えていかなければ。

そして、そんなチャレンジをしていく上で大切なのが、これまでに築いてきた多くの方々との信頼《しんらい》関係です。

求めてくれる人たちがいる以上、その期待に応え続けることこそが、僕の声優としての一番の指標。

そこからさらに輪が広がって、多くの人に「梶裕貴と仕事がしてみたい」と思っていただけるような役者でありたいと願う気持ちは、今までも、これからも、決して変わることはないでしょう。

夢は尽《つ》きないもの

「求められる役者であり続ける」という個人的な指標とは別に、もうひとつ、手探りながらライフワークとして挑戦《ちょうせん》していきたい夢があります。それは、声優やアニメの魅力《みりょく》を、より多くの方々に知っていただきたいということ。

そのためにも、特に30代になってからは、普段《ふだん》はなかなかアニメに触《ふ》れる機会のないような方々にも幅広く注目していただけるような企画・作品に、積極的に参加していきたいと思うようになりました。

昔に比べると、日本のアニメ文化は海外から「ジャパニメーション」や「クールジャパン」などと呼ばれ、業界を表現する新しい言葉と共に、少しずつ評価されるようになってきました。

それでも未だに、どこか偏《かたよ》った固定観念で見られてしまっている側面もあるような気がするのです。けれど、そこで「理解できない人間は入ってくるな」と閉じてしまうのはもったいなさすぎる。

この素晴らしい世界を、もっともっと沢山の人に親しんでもらうべきだと、そう思うのです。

同時に僕自身も、今以上に、アニメ業界全体のことを知っていかなければならないとも思っています。アニメの制作現場は細かい分業制で流れていくので、自分が担当する声のセクション以外の部分は、実は意外に知らないことが多かったりするのです。

原画、色彩《しきさい》、撮影《さつえい》……そんなさまざまなセクションの方々と、作品の打ち上げ等で顔を合わせると、その度に、これだけ多くのプロフェッショナルが作品に携《たずさ》わっているんだという事実に感動します。そして、そのかかわっている人ひとりひとりが、僕たちと同じように、あるいは僕たち以上に途方《とほう》もない努力を重ねることによって、ようやくひとつの作品が生み出されているわけです。

そう考えると、「業界を盛り上げるためなら、自分にできることはなんだってやっていきたい！」というような気持ちになってきます。

〝声の芝居《しばい》〟とは、まったく違《ちが》うさまざまな表現への挑戦。

その中で、「演じる」ということへの意識が、また少しずつ変わってきているようにも感じています。そこでの経験値を貪欲《どんよく》に吸収することで、本業である〝声の芝居〟に還元《かんげん》していけたら――。

僕の目指す理想の声優像とはなんなのか。

それは結局、〝声優・梶裕貴〟なんだと思います。

あらゆる分野での経験をすべてフィードバックさせて、ほかの誰《だれ》でもない、誰にも代わりの務まらない声優像を自分の手で作り上げていくこと。それこそが、僕の声優としての大きな目標です。

これは、ガムシャラに挑戦し続けてきた20代という時間があったからこそ、今ようやく見えてきたもの。

皆さんが今抱《いだ》いている夢も、その職業に就《つ》いたらそこでゴール……ではありません。きっとその先では、新たな夢が生まれ続けるはずです。

それを手繰《たぐ》り寄せ続けていくことで、いつか自分でも想像もしていなかった場所にたどり着けるものなのではないかと思います。

辛《つら》かったら、外の世界へ

この本も終わりに近づいてきました。ここで、14歳の今を生きている皆さんに少しだけ、人生の先輩である僕から、ぜひこれだけは覚えておいてほしいということをお伝えしたいと思います。

僕はこの本を通して、「今と全力で向き合うことが、経験という得難い財産になる」と、繰り返しお話ししてきました。

けれど。

矛盾《むじゅん》しているようですが、「本当に辛いことからは、目を背けて全力で逃《に》げる」という選択肢《せんたくし》も、正直アリだと思います。

目の前に立ちはだかる問題に「なんとかしなくちゃ！」と立ち向かう勇気ももちろん大事ですが、「これはもう無理かもしれない」と感じたら、不毛な長期戦を回避《かいひ》するのも立派な戦略です。それは、ちっとも卑怯《ひきょう》なことではありません。

心にとどめておいてほしいのは、「少し目線を変えれば〝今〟、そして〝ここ〟以外の選択肢が必ずある」ということ。

広い広い外の世界が、いつでも開かれているということです。

学生の皆さんにとっては「家」と「学校」が、人生のすべてのように感じられているかもしれません。

とはいえ、さきほどお話ししたような海外旅行は、なかなか難しいかもしれませんね。けれど、ちょっと電車に乗って地元から数駅離《はな》れてみる……それだけでも、自分のことを誰も知らない新しい土地にたどり着けるんです。知らない場所では誰も自分のことなんて気にしませんし、そこではどんなことだって一からスタートできる。

学校や家庭は、あくまで社会に出るまでの準備の場所。それがすべてではありません。悩《なや》みの種が人間関係であれば、その輪の外にいる誰かに相談してみる。いつもと違う場所に行って深呼吸してみる。もしかしたら、動物と触れ合う時間が心を癒《いや》してくれることもあるかもしれません。

もうひとつ。

「自分自身にも、他人にも、頑《かたく》なすぎる必要はない」ということ。

今、僕は32歳《さい》です。皆さんからすると、どこからどう見ても立派な大人。

けれど、おそらく皆さんの周りの大人もそうだと思うのですが、実は当の本人には、その意識はあまりないのです。20歳だろうが30歳だろうが、あくまで皆さんが今立っているその場所、〝14歳の延長線上〟でしかないんです。

だから相変わらず、僕は人見知りだし、頑固《がんこ》。

器用に振《ふ》る舞《ま》えないことばかりです（笑）。

でも。かつての自分から少しだけ変わったなと感じることがあるとしたら、それは、自分自身にも他人にも〝赦《ゆる》す〟ことを覚えたこと。

ゆるす――なんて言うと、なんだか上から目線な感じに聞こえてしまいますが、ここでお伝えしたいのは、「自分とは異なる価値観を持つ相手を受け入れる・認める」ということの素晴らしさ、そして難しさです。

「あの人は、どうしてあんなことをするんだろう」と、相手の態度や言動に真っ向から傷ついたり腹を立てるのではなく、「そういう考え方もあるんだ」と一度受け入れる。

そんな自分自身を受け入れられる、ということは、相手そのものを許容できるということにつながるのではないかと思うのです。

一度力を抜《ぬ》いて考えてみることで、また別の角度から、その問題と向き合える可能性も出てくるかもしれませんよね。

……なんて、こんな偉《えら》そうなことを言っていますが、僕にとってもまだまだ難しいこと。

まさに、今の僕の課題です。大人だって皆さんと変わらず、色々なことに悩んでいるんですよ。

人生の選択肢に迷ったら

役者として、人間として、もっと深みを増していきたい。

けれど、皆さんが「声優になるためには、大人になるためには、なにをしたらいいいんだろう」と悩むように、僕にもどうすればそんな自分になれるのか、簡単にはわかりません。

だからこそ、その一瞬《いっしゅん》一瞬に全力で向き合い、考え、最良の選択をしていかなければならないのです。それこそが人間的な成長につながり、ひいては、役者としての引き出しを増やす、ということにつながっていくのではないかなと考えています。


皆さんの前には今、無限の可能性が広がっています。

まずは一生懸命《いっしょうけんめい》、なによりも自分が楽しむことを一番に考えて生きてください。

二度と戻《もど》れない学生生活。そこに関係する、すべての出来事を大切にしてください。

人生は楽しんだ者勝ちです。全力で毎日を生きていれば、きっと夢を叶《かな》えるための運も縁《えん》も、向こうから自然とやってくるはずです。

SPECIAL INTERVIEW

三《み》間《ま》雅文《まさふみ》音響《おんきょう》監督スペシャルインタビュー

声優・梶裕貴と多くの作品を共にし、その成長を間近で見てきた音響監督・三間雅文さん。声の仕事にかかわる「もうひとりのプロ」の目線から、〝現場で求められるプロフェッショナルとなるためには〟をテーマに、お話をうかがいました。

プロフィール

音響監督。音響制作会社・有限会社テクノサウンド代表。高校在学中からラジオ局や音響制作会社に出入りしながら、音響監督としてのノウハウを学ぶ。これまで『ポケットモンスター』シリーズ（1997年～）などのロングヒットシリーズをはじめ、『イナズマイレブン』シリーズ（2008～2011年）、『進撃《しんげき》の巨人《きょじん》』シリーズ（2013年～）など数多くの人気作を手掛けている。

——音響監督って、どんな仕事？

アニメーション制作の作業は多岐《たき》にわたるため、監督《かんとく》をトップに、セクションごとに責任者が存在します。キャラクターの色の責任者である色彩《しきさい》設計、背景の責任者である美術監督、撮影《さつえい》処理の責任者である撮影監督……などです。その中で音に関するパートの責任者としての役割を担っているのが、僕《ぼく》たち音響監督。制作会社から音響関係の作業を一括《いっかつ》で請《う》け負って、アフレコの手配、作曲家への曲の発注、選曲など各工程を進行し、監督はじめ制作スタッフと相談しながら作品がイメージ通りに仕上がるよう現場をまとめていく……という仕事です。

音響監督の仕事で特にわかりやすいのは、やはりアフレコ現場でしょうか。スタジオ内で声優に指示を出しているスタッフ＝音響監督、という認識がある人も多いかもしれませんね。

実際は僕たちが演技に対して直接〝演出〟をしているわけではありません。音響監督が控えているミキサールームには監督や話数演出[*1]がいて、彼らの言葉を役者さんに伝わりやすいように言語変換《へんかん》する、というのが僕たちの役目。声優の演技に対して、どう演

＊1　**話数演出**｜テレビアニメシリーズで、作品全体の演出意図を汲みながら、各話の演出を担当するスタッフ。

出するかを決めるのは、あくまで監督や演出家の領域なんです。

たとえば、監督が「もっとドカーンと、迫力《はくりょく》ある演技をしてほしい」と希望したとします。でも、単に「ドカーンと」、「迫力ある演技」といっても、いろいろありますよね？　そのとき、監督が求めている意図を汲《く》んで、役者が演技に反映しやすいような言葉に変えて伝えるのが音響監督です。「そこは、両親のことを思って気持ちが高ぶって、堰《せき》を切ったように怒《いか》りが湧《わ》いてきたんだよね。その思いをぶつけようか」という具合にです。

音楽に関しても同じ。監督が「明るいイメージの曲がほしい」とオーダーしたとします。それを「朝、ヒロインが目覚めると、心地よい風が吹《ふ》いていて、思わずスキップしたくなった気分を表現した曲で」など、より具体的な言葉にすることで、監督のイメージに近づけていきます。

もちろん、そういった現場でのやりとりだけがすべてではありません。キャスティングからスタジオ使用費、作曲費など音まわりで発生した金額すべてを予算内に収めるよう配分するという、プロデューサー的な実務も担わなければいけません。キャスティング時、製作委員会側が強く希望している声優がいる場合には、事務所と粘《ねば》り強く交渉《こうしょう》したりもします。これはどの仕事も同じだと思いますが、決してテレビや雑誌で紹介《しょうかい》されるような華《はな》やかな面ばかりではないんです。

いずれにしろ、「音響監督に一番必要なスキルは?」と問われれば、僕は「コミュニケーション能力」だと答えます。現場でも、裏方的な仕事でも、人にこちらの希望をどう伝え、どう着地させるか、その手腕《しゅわん》が問われる仕事。中間管理職のような立場なので、ストレスも多いんですよ(笑)。

ちなみにオーディションの手配をするのは音響監督ですが、決定権はこれっぽっちもありません。実際に声優を選ぶのは、監督、製作委員会、原作者など、作品の方向性の決定にかかわる人たちです。ただ、「メイン以外のキャストはお任せで」という場合などはメインキャストとのバランス、予算感などを総合的に判断しながらこちらで決定していきます。

オーディションに誰《だれ》を呼ぶかは、最初に脚本《きゃくほん》を読んで、監督にイメージを聞きます。その段階で、監督にあらかじめ具体的な声優のイメージがあれば、その人を軸《じく》に、方向性が近い何人かに声をかけます。「絶対にこの人で」という強い要望をいただいた場合は、オーディションなしで直接打診《だしん》をすることもありますね。僕たちも、あくまでお金をいただいている立場。そこでクライアントが求める難しいブッキングができるかも、次の仕事につながるかどうかの分かれ目になるんです。

――〝三間雅文流〟の演技指導とは？

アフレコは、オーケストラのように全体のハーモニーが大事です。音響監督には、どんな現場を任されたとしても、不協和音がないように仕上げる責任があります。そのために、アフレコの現場ではとりまとめ役を担います。

僕の場合、現場では役者自身に「なぜ、その演技になるのか」を理解してもらうためのコミュニケーションを心がけます。演技経験の浅い新人さんだと、これが大変。本当は、「このセリフはこういう気持ちだから、こういう演技が求められているんだよ、わかる？」と、ひとつひとつの演技に対して明確な答えを与《あた》えていければ良いのでしょうが、テレビシリーズだと収録は毎週のことになりますからね。こちらとしては、なるべく早い段階でどのように考えて現場に臨むべきかという根本部分に気付いてほしい。だから、収録が始まったら、初期にとことん追い込《こ》みます。

台本に「あっ」というセリフがあったとしますよね。キャラクターも口を開けている。それを声優がなにも考えずにそのまま素直に「あっ」と口にしたら、すかさず突っ込みます。「今の息芝居《いきしばい》*2ってなんの息芝居？　なにを感じたの？　なにに驚いたの？」って。そんなことを聞かれたら、声優は「単にキャラクターが口開いていたんで、『あっ』って言いました」とは言えないですよね。そんな答えが返ってこようものなら、「え、日常生活の中で口開いてたら『あっ』って自然に出る生活あるの？　どこにあるの？」という感じで、追い詰めていくんです。意地悪ですね（笑）。

そうすることで、まず、役者に「この現場は気を抜いていたらやられるぞ」という風に意識してもらう。そのスタイルが、多分、業界内で怖いって言われてるんじゃないか

＊2　**息芝居**｜安堵や驚きなどの感情を、主に吐息で表現する演技のこと。また、感情が感じられないセリフの演技を指すこともある。

な……。

それを梶さんのように悔しい気持ちをバネにして返してくれる役者もいますし、「この現場は合わないから、もういいや」と閉じてしまう人もいる。それは仕方ありません。でも、これはすべて自分が少しでも早く楽になるためにやっていることであって、決して「声優を育てたい」などという徳の高い気持ちからではないんです（笑）。

引き受けた以上は、自分がかかわった作品として恥ずかしいものにはできないから、なんとかしなければいけない。お互いプロという立場で声優と接しているつもりです。

——音響監督から見た、声優って？

〝声優〟という職業の定義が、この10年ほどで大きく変わっていることを感じます。かつては「〝声〟の〝俳優〟」だから、声優だった。でも、今は歌やトークのスキルなども備わった、総合的なエンターテイナーとしての力が求められてきていますよね。歌がうまい声優、ゲームで人気が出た声優など、さまざまなタイプがいる以上、紋切《もんき》り型の伝え方をしても通じないのは当たり前なんです。だから、こちらも相手のバックボーンに合わせたコミュニケーションをとる必要があります。

たとえば少し幼い演技をしてほしい場合。梶さんのように、声優＝役者の立ち位置から今の地位を築いてきた人には、「今の演技、〝経験値を下げて〟演じてみて」と、シンプルな伝え方をします。「経験値が低い演技」というのは、まだ落ち着きのない子どもの演技。逆に大人を演じる場合は、「経験値が高い」から、落ち着いた演技になる。

でも、それはお互《たが》い演技の方法論のコンセンサスが取れている上での伝え方なんですね。役者タイプの声優でないと通じない場合が多い。ですから、役者としての経験はまだあまりないけれど、歌が得意な人に同じ演技を求める場合は、「今の演技、半音上げられる？」など、より伝わりやすい表現を考えてコミュニケーションするようにしています。


最近、難しいのが、声優の仕事の多くをゲーム作品が占《し》めてきたことです。ゲームの収録の場合、セリフの掛《か》け合いではなく、ひとりで淡々《たんたん》とキャラクターの声をあてるというやり方で進めます。そういう現場に慣れてしまうと、アニメのアフレコのように大勢の役者の中で相手の出方を受けてどう演じるかや、監督の希望にどう答えるか、などのキャッチボールができなくなってしまう。実際に、そういう役者が増えてきたな、という印象です。でもこれはもう嘆《なげ》いても仕方ありません。

しかし、たとえどんなタイプの声優でも、しっかりこちらと向き合ってほしいという希望はあります。

声優に求めるのは、僕たちが自分ではできないことなんです。監督が世界観を設計し、音響監督は音の面からその世界を作り上げる手助けをする。でも監督も音響監督も、画面のキャラクターに自分の声をあてて命を吹《ふ》き込むことはできないんです。それができるのが声優で、きみたちはその対価としてお金をもらっているんだよ、ということは忘れないでほしい。現場ではちゃんとこちらを向いて、オーダーに応えてほしいんです。「がんばって練習してきた成果を見てくれ」では、まだまだ全然プロではないんです。

梶さんと初めて一緒《いっしょ》の現場となった『イナズマイレブン』で、その意識の変化を感じましたね。

梶さんの最初の印象は、とにかく〝すごくまじめな方〟。ちゃんと家で練習してきたものを、現場で出そうとする。でも、それだとすでに自分の中での演技が出来上がってしまっているから、現場で監督や演出のやりたいことを反映する余地がないんですね。「そうじゃなくて、こう」と伝えてもなかなか直せなくなってしまう。仕方ないから鼻《はな》っ柱《ぱしら》をへし折ってやろうと思って（笑）、怒って開き直ってもらおうと、初期はかなりボコボコに指導させていただきました。相当イライラされていたと思いますよ。

でも続けていくうちに、「くそ、次こそやってやる！」という目に変わってきた。それで作品の収録も半ばに差し掛かったころに、厳しく当たってきた真意を伝えて労《ねぎら》ったんです。「よく頑張《がんば》った、梶さんはこの調子でいけばいい」と。意識が変わったことが目に見えて感じられるようになったのは、第1シリーズの終わりに差し掛《か》かった頃《ころ》じゃないかな。

今の梶さんは、あらかじめ準備してきた上で「監督はどういうことをやりたいんですか？　僕はそれをやりますから、なんでもオーダーしてください」と、しっかりこっちを向いた姿勢になっていますよね。

いろんな作品でご一緒させていただいて、さらに役者として面白くなったな、と感じたのは『進撃の巨人』のときですね。梶さんが演じた主人公エレンが掛け声をかけるシーンがあって、そのとき、梶さんが「声がひっくり返っちゃったので、もう一度やらせて貰《もら》えませんか？」とおっしゃった。でもそれがすごく必死な感じが出ていて良かったので、「じゃ、もう一度裏返った演技をしてもらっていい？」と意地悪に言ってみたんですが、梶さんは「さっきのあれは、もうできないですよ。必死に叫《さけ》んだら出ちゃったんで」と。

そのとき梶さんに、「それが〝気持ち〟なんじゃないの？」とお伝えしたんですね。プロとして何度も同じ演技ができることも大事だけど、役者としてその場限りの気持ちを表現することも大事なんだと、そのとき気付かれたのではないでしょうか。きれいな演技ができなくてもいいんだ、と。

以降は「とりあえずやってみます」っていう言葉が素直に出てくるようになった。そこからの梶さんとの仕事が面白くなりましたね。

でも、すべての現場が僕のようなコミュニケーションの取り方をするわけではないですし、いろんな現場があって、求められることはそれぞれ違《ちが》います。今の梶さんは、その事情を理解し、オーダーに応えた上で、自分のエッセンスを入れていくという、〝プロらしさ〟があると思います。

——三間さんが考える、プロフェッショナルとは？

さきほどの話の重複になりますが、プロフェッショナルの条件とは、やはりオーダーした側ときちんと向き合おうとすることができるかどうかではないでしょうか。これは声優に限らず、どんな仕事でも一緒だと思います。しっかりその分野について勉強して練習をして基礎《きそ》を築いた上で、仕事を発注した側と向き合って、相手はなにを伝えたいのか、自分はなにをすればいいかを理解しようとする心と目を持つ人たちは、プロだなって思いますよね。

そういう大人になるためには、どうすればいいか。これは梶さんの話と被《かぶ》るかもしれませんが、どんな職業でも、プロを目指すなら、アニメだけを見ていても、ゲームだけをやっていてもダメなんです。なぜなら自分の持つ世界が小さくなってしまうから。その小さな世界に閉じこもってしまったら、外から新しいものを自分の中に引っ張ってくることができなくなってしまいます。

「こんな経験しても無駄《むだ》じゃないか」と思えることも、なんでもやっておくべきだと思います。経験こそがすべての土台になる。なおかつ、みんなと同じことをやるのではなくて、自分にしかできないことをやり、今しか見られない景色を見ておいてほしい。みんなと一緒にゲームの話で盛り上がることも楽しいだろうけれど、ひとりでどこかに行った話の方が、僕は面白いんですね。ドラマというのは、そういうところにこそ生まれるんだと思うんです。

あとは、実際にその職業に就《つ》いたときに自分が仕事に対してどういうスタンスでいたいか、を一度は考えてみることだと思います。僕自身のことを言えば、なにもわざわざ声優に厳しいことを言って嫌《きら》われたりする必要はないんですよ。監督の言葉をそのまま右から左に役者に伝える〝人間トークバック〟として存在するだけでも、もしかしたら仕事はなりたつかもしれない。

じゃあ、なぜそうしないのかは簡単で、それだと自分自身が面白くないからです。だから、プロだとか、お金だとか言いながらも結局は自分の楽しさを追求しているだけなんですね。そこにあとからお金がついてくる。それが、僕の考える〝仕事〟です。

おわりに〜　いつでも「ここから」の気持ちで

はじめてテレビアニメに出演させていただき、エンドロールに「梶裕貴」の名前がクレジットされたときに感じた、どこかくすぐったい喜びは今でも鮮明《せんめい》に覚えています。もしかしたら、14歳《さい》のときに僕《ぼく》が漠然《ばくぜん》と抱《いだ》いた夢は、そのとき既《すで》に叶《かな》ったといえるのかもしれません。けれど、実際にその瞬間《しゅんかん》が訪れたときに強く感じたのは、「ここからだ」という想いでした。

それは、今に至るまで少しも変わりません。

はじめてレギュラー作品の主役が決まったときも、主演させていただいた作品が社会現象になるほどヒットしたときも、大きな賞をいただいたときも、そして30代になりこの本を書いている今でも、あるのは「ここからだ」という気持ち。

夢というものにゴールはないのかもしれません。

皆《みな》さんが今抱いている夢、あるいはこれから抱く夢も、きっと同じだと思います。

夢に終わりはない。

だからこそ、たとえその夢にやぶれてしまったとしても、何度でも再挑戦《さいちょうせん》できるのです。

「声優になりたい」という夢は、僕に沢山《たくさん》の出会いや喜びをくれました。

一方で、辛《つら》いことや悲しいこと、みじめな気持ちだって沢山経験することになりました。

今、14歳当時の自分と話す機会があったら、僕はなんと声をかけるでしょうか？

「声優の道は、本当に大変。だから、やめておいた方がいいよ」

でしょうか？

そんなこと、絶対に言いません。

「声優の道は、本当に大変。でも、だからこそ楽しいよ」

きっとこうですね。

まあ、たとえ「やめておいた方がいい」と言っても、14歳の僕は、おそらく聞く耳を持たないとは思いますが……（笑）。

もし子どもの頃《ころ》に「声優で食べていくなんて無理だよな」なんて大人な考え方をしていたら、僕はどうなっていたでしょうか。もしかすると夢に限らず、どんなことにも「無理だよな」と、すぐに諦《あきら》める大人になってしまっていたかもしれません。

無理かどうかなんて、本当にやってみなければわからないのに。

あなたの人生は、あなたのものです。

沢山の大人がアドバイスをしてくれると思いますが、最後に決めるのは、あなた自身です。

もちろん人の意見も大切です。冷静に、広い視野を持って考えてくれるでしょう。

けれど、それでも最後の最後には、やはり自分自身が責任を持って決めなければなりません。

僕は皆さんの夢を応援《おうえん》します。それがどんな職業であれ、どんな挑戦であれ、皆さんが叶えたいと思う夢ならば、ぜひ頑張《がんば》ってみてほしい。

もし途中で夢が変わってしまっても、あるいは夢にやぶれたとしても、それは決して終わりではありません。それまでの経験が必ず、次の夢の大きな糧《かて》になるはずですから。


この本の執筆《しっぴつ》をすることで、僕にはまたひとつ新しい夢ができました。

それは、「この本の読者が将来声優になって、いつかどこかで、僕と共演してくれること」です。

もしこの夢が叶ったら、それほどうれしいことはありません。

そのとき、僕たちはどんな作品で共演するんでしょうね?

もしかしたら、そのときの主役はあなたかもしれません。

僕も負けませんよ!(笑)

そんなことを考えていると、とてもワクワクしてきます。

そして湧《わ》いてくるのは、やはり「ここからだ」という気持ち。

夢を持ち、自分らしく生きていると、世界が違《ちが》って見えてきます。

夢を持っている人の世界は広い。そして、みんな輝《かがや》いている。

さあ、ここからだ。

著者紹介

梶 裕貴（かじ・ゆうき）

ヴィムス所属。1985年東京都生まれ。2004年、ゲームで声優デビュー。『Over Drive』篠崎ミコト役のほか、『進撃の巨人』エレン・イェーガー役、『ポケットモンスター XY』シトロン役、『七つの大罪』メリオダス役、『僕のヒーローアカデミア』轟焦凍役、『アオハライド』馬渕洸役など、多数の話題作でメインキャストを務める。2008年度「第3回声優アワード」にて新人男優賞を、2012、2013年度の2年連続で「声優アワード」主演男優賞を受賞。近年は、ラジオ番組『梶裕貴のひとりごと』パーソナリティをはじめ、アーティスト活動、舞台出演など、幅広く活躍中。

14歳の世渡り術 いつかすべてが君の力になる

2018年5月30日　初版発行
2018年6月24日　5刷発行

著　者　梶裕貴

マネージメント　田中A修治（ヴィムス）
撮影　布川航太
ヘアメイク　中山芽美（エミュー）
ブックデザイン　高木善彦
編集協力　井上英樹（MONKEYWORKS）
編集　斉藤彰子、陣内桂香（株式会社KWC）

発行者　小野寺優
発行所　株式会社河出書房新社
〒151-0051　東京都渋谷区千駄ヶ谷2-32-2
電話　(03)3404-8611（編集）／(03)3404-1201（営業）
http://www.kawade.co.jp/

印刷　凸版印刷株式会社
製本　加藤製本株式会社

Printed in Japan
ISBN978-4-309-61713-8

よのなかを変える技術
14歳からのソーシャルデザイン入門
今一生

君の絶望はよのなかを変える希望だ――この世界では必ず誰か困ってる。それは彼らが「よのなかの仕組み」から外れているから。困難を解決するための、一番やさしいソーシャルデザイン入門。

宇宙を仕事にしよう!
村沢譲

宇宙にかかわる仕事って、宇宙飛行士以外に何があるの？ 専門的な学校に通わないと入れないの？ 宇宙を夢見る人たちの疑問に、先輩たちが自身の経験をもとにリアルに答えます。

戦後日本史の考え方・学び方
歴史って何だろう?
成田龍一

占領、55年体制、高度経済成長、バブル、沖縄や在日コリアンから見た戦後、そして今――これだけは知っておきたい重要ポイントを熱血レクチャー。未来を生きる人のための新しい歴史入門。

生命の始まりを探して僕は生物学者になった
長沼毅

深海、砂漠、北極&南極、地底、そして宇宙へ……“生物学界のインディ・ジョーンズ”こと長沼センセイが、極限環境で出会ったフシギな生物の姿を通して「生命とは何か?」に迫る!

聞く力、話す力
インタビュー術入門
松原耕二

沢尻エリカ、玉三郎、カストロ議長……千人以上にインタビューしてきた名キャスターが教える、相手の心をひらく魔法のコツ。14歳からマスコミ志望者まで誰でもわかる聞き方・話し方の全て。

14歳からわかる生命倫理
雨宮処凛

尊厳死、出生前診断、代理出産、臓器移植、デザイナーベビー……進歩し続ける医療を前に「命の格差」が広がっています。誰もが向き合うことになる「命」を巡る問題をイチから読み解く。

ロボットとの付き合い方、おしえます。
瀬名秀明

ロボットは現実と空想の世界が螺旋階段のように共に発展を遂げた、科学技術分野でも珍しい存在。宇宙探査から介護の現場、認知発達ロボティクス……ロボットを知り、人間の未来を考える一冊。

大人になって困らない語彙力の鍛えかた
今野真二

語彙力は暗記では身につきません! 大人になってからあわてて勉強しなくてもすむように。楽しく、ゆかい、だけど本格的。場面に応じた言葉をすっとひきだせる、一生役立つ方法を授けよう。

14歳からの宇宙論
佐藤勝彦

宇宙はいつ、どのように始まったのか？ この先は？ もう一つ別の宇宙がある？ ……最先端の科学によって次々と明らかにされた宇宙の姿を、世界をリードする物理学者がやさしく紐解く。

はじめての聖書
橋爪大三郎

羊、クリスマス、十字架から、ノア、モーセ、イエス、罪、愛、最後の審判……聖書の重要ポイントをきわめて平易に説き直す。若い人びとへ送る、ほんものの聖書を読むための「予告編」。

14歳からの戦争のリアル
雨宮処凛

実際、戦争へ行くってどういうことなの？ 第二次大戦経験者、イラク帰還兵、戦場ボランティア、紛争解決人、韓国兵役拒否亡命者、元自衛隊員、出稼ぎ労働経験者にきく、戦争のリアル。

14歳からわかる生活保護
雨宮処凛

命にかかわる大切な制度なのに、偏見と誤解の中でバッシングされている生活保護。生活保護を貰うことは決して恥ずかしいことではありません。正しい知識をイチから学ぶ「生活保護」入門。